Pflegeimmobilien als zukunftssicheres Investment

Autor: Prof. Dr. Ralf Kühl

Pflegeimmobilien als zukunftssicheres Investment

Nachfrageorientierte Auswirkungen demografischer Veränderungen auf professionelle Pflege Versorgungs- und Betreuungskonzepte innerhalb Deutschlands

© 2017 Herausgeber Dr. Ralf Kühl, Hannover

Alle Rechte vorbehalten.
Das Werk darf nur mit Genehmingung wiedergegeben werden.
Herstellung und Verlag:
BoD - Books on Demand, Norderstedt"

ISBN 9783743133556

Bild Cover: fotolia | Karl-Heinz Spremberg

Bibliografische Information der Deutschen Nationalbibliothek
Die Deutsche Nationalbibliothek verzeichnet diese Publikation
in der Deutschen Nationalbibliografie; detaillierte bibliografische Daten sind im Internet über www.dnb.de abrufbar.

Inhaltsverzeichnis

07 1. **Einleitung**

09 2. **Ausgangslage Pflegemarkt in Deutschland**

11 3. **Demografischer Wandel und Veränderung der Bevölkerungsstruktur in Deutschland**
- 12   3.1. Entwicklung der Bevölkerung in Deutschland
- 13   3.2. Wandel der Altersstruktur
- 14   3.3. Einflüsse durch Zu- und Abwanderung

16 4. **Investoren der Pflegeimmobilien**
- 17   4.1. Projektentwicklung bei Pflegeimmobilien
- 22   4.2. Chancen für Projektentwickler bei Pflegeimmobilien
- 23   4.3. Beispielberechnung für Investitionsvorhaben in Pflegeimmobilien

24 5. **Derzeitiges Versorgungssystem bei Pflegebedürftigkeit in Deutschland | Rechtliche Rahmenbedingungen**
- 27   5.1. Soziales Pflegeversicherungsgesetz - SGB XI
- 29   5.2. Pflegevergütungsregelungen nach SGB XI
- 29   5.3. Vergütungsregelungen für Unterkunft und Verpflegung

31 6. **Grundlagen | Charakteristika der Pflegeheimimmobilien**
- 32   6.1. Definitionsansatz Pflegeheim
- 34   6.2. Betreute Wohngemeinschaften
- 36   6.3. Mehrgenerationshaus
- 37   6.4. Betreutes Wohnen
- 38   6.5. Wohnstifte und Seniorenresidenzen
- 40   6.6. Seniorenwohngemeinschaft
- 42   6.7. Dementen-Wohngemeinschaft
- 43   6.8. Ambulante Therapiestationen

45	**7. Pflegeheim Betreiber Status**
46	7.1. Rahmenbedingungen für Pflegeheim Projekte
50	7.2. Markt für Pflegeheime in Deutschland
51	7.3. Entwicklung der Nachfrage nach Pflegeleistungen
58	7.4 Prognosen zur Anzahl Pflegebedürftiger in Deutschland
60	**8. Fazit**
62	**Quellen**
62	Basisquellen
62	Weiterführende Literatur [Auswahl]
63	Internetquellen [Auswahl]
63	Abbildungsverzeichnis

1. Einleitung

Innerhalb des Investitionsmarktes bei Immobilien nimmt die Pflegeimmobilie noch immer eine gewisse Sonderstellung ein. Insbesondere für private Kapitalanleger repräsentiert eine derartige Anlageklasse in Teilen eine Investitionssituation in die eigene, letzte Lebensphase hinein.

Aber weit gefehlt. Die bereits innerhalb der Gesellschaft der Bundesrepublik Deutschland fortschreitende demografische (Über) Alterung impliziert eine hohe, stabile Nachfrage hinsichtlich Pflegeheimimmobilien bereits im Hier und Jetzt.

Ergänzend um deutliche Tendenzen hinsichtlich steigender Lebenserwartungen bei Frauen und Männern – bedingt durch zunehmend gesunde Lebensführung sowie eine beachtlich hohe Anzahl an medizinischen Heilungs- und Präventionsmaßnahmen in Kombination mit hochspezialisierter Medizintechnik – werden lebensumstandssituative Wohnmöglichkeiten für eine alternde Bevölkerung unabdingbar sein.

Dabei ist der Staat in sozialer Verantwortung aktiv und unterstützt dabei privatwirtschaftliche Engagements zur Schaffung des unverzichtbaren Wohnraumes für das Alter.

Dieses ermöglicht wichtige Rahmenbedingungen zur konkreten Ansiedlung in definierten Infrastrukturen einzelner Bundesländer und sorgt zudem für eine gesetzgebungsorientierte Grundlagenfinanzierung auf Basis des Sozialen Gesetzbuches (SGB). Dabei erscheint die Pflegeimmobilie in einem vielseitigen Fokus. Nicht erst unmittelbar vor einer sich abzeichnenden Pflegebedürftigkeit oder bewusst gewählten betreuten Wohnumgebung werden Pflegeimmobilien als Investitionsgegenstand für Kapitalanleger ausgewählt.

Die Pflegeimmobilie – insbesondere in Form des privaten Teileigentums innerhalb einer Pflegeeinrichtung – genießt hohe Akzeptanz und gibt neben einer monetären Sicherheit in substantielle Sachwerte zudem auch persönliche Beruhigung im Alter, wenn über ein bevorzugtes Belegungsrecht dem Wunsch nach individueller Lebensform entsprochen wird.

Über eine kompakte Marktsituationsdarstellung zu Pflegeheimimmobilien in Deutschland erfolgen im Verlauf dieses Fachbeitrages argumentative Ansätze zur demografischen Entwicklung, individueller Haushaltsstruktur sowie individueller Bedürfnislage auf Seiten der Pflegenden.

Auf der Anbieterseite folgen Erläuterungen zum gegenwärtigen Bestandsmarkt der Pflegeimmobilien, der Gestaltungsformen sowie vorsichtige Prognosen zur Entwicklung des Pflegeimmobilienmarktes in Deutschland.

Als Fazit kann bereits an dieser Stelle vorweggenommen werden: das Thema ‚Pflege' und die damit verbundenen Rahmenbedingungen sind bereits hier und heute von hoher gesellschaftlicher sowie individueller Bedeutung.

Es stellt somit kein Luxusproblem dar oder gehört in die Kategorie unliebsamer Lebensfragestellungen, sondern erfordert seitens jedes Einzelnen innerhalb der Gesellschaft einen verantwortungsvollen Umgang mit dem Thema.

Dieser Fachbeitrag soll helfen, über Pflegeimmobilien und deren Gestaltungsformen eine Form individueller Sicherheit aufzuzeigen.

Wenn der gedankliche und argumentative Ansatz hierzu verständlich in Richtung Leser transportiert wird, dann ist die Arbeit für diesen Fachartikel gelungen.

2. Ausgangslage Pflegemarkt in Deutschland

Eine Kernthese zur demografischen Entwicklung in Deutschland lautet, dass ein kontinuierlich hoher Bedarf an verlässlichen Versorgungssystemen für alternde und pflegebedürftige Menschen innerhalb des Gesundheits-/Pflegewesens in Deutschland Etablierung zu finden hat.

Erste, stabile Prognosen weisen über eine Zeitstrecke von rund 20 Jahren einen Anteilszuwachs der Hochaltrigen an der Älterenbevölkerung von 14 Prozentpunkten im Jahr 2050. Somit nimmt schätzungsweise der Anteil an hochaltrigen Personen innerhalb des Betrachtungszeitraumes vom Jahr 2030 bis zum Jahr 2050 von 26% auf 40% zu.

Folglich steht dem Pflegewesen die zu lösende Herausforderung bevor, für diese Bevölkerungsgruppen eine adäquate Altersvorsorge – eben auch in dauerhaft stationärer Unterbringung – zu sichern.

Dabei handelt es sich bei der fachlich orientierten Diskussion um das Thema ‚Pflege' seit geraumer Zeit nicht mehr exklusiv um reine Expertenmaterie.

Ein stark zunehmendes öffentliches Interesse – ausgelöst durch direkte Betroffenheit innerhalb der Familie oder aus perspektivischer Vorbereitung auf den verantwortungsvollen Umgang mit Themenfacetten der Pflegewirtschaft – trifft auf medial verteilte sozial- und gesundheitspolitische Rahmendiskussionen.

Einflussnehmende Kriterien wie beispielsweise Regelungen zu Pflegestufen, Rentenalter, Altersteilzeitmodelle für Arbeitnehmer, Pflichtbeiträge zur Pflegeversicherung, freiwillige Absicherungen sowie stetige Innovationen in Branchenmärkten der Pharmazie sowie Medizintechnik lassen interessierte, verantwortungsvoll agierende Bevölkerungsschichten intensiver in die Themendiskussion und individuelle Lösungsfindung eintreten.

Zudem wirkt das gesellschaftliche Phänomen gestiegener Lebensansprüche in breiten Teilen der Bevölkerung ein. Insbesondere bei berufstätigen Menschen mit erhöhtem Ausbildungsgrad werden in frühen Lebensjahren Niveaustufen einer gehobenen, zufriedenstellenden Lebensführung gelegt und diese aufrechterhalten.

Dieser Gewöhnungsprozess wird konsequent aufrechterhalten und soll auch im Moment des Eintrittes in eine neue Lebensphase [Beispiel: Austritt aus dem Erwerbsleben], aber auch bei ungeplanter, kurzfristig eintretenden Lebensänderung [Beispiel: Unfall, Krankheit oder plötzliche

Pflegesituation der Eltern bzw. Großeltern] fortbestehen können.

Diese Anspruchslage ist auf Anbieterseite über stabile Versorgungsstrukturen und Wohnraumangebote zu bedienen, auch wenn gegenwärtig noch ein erheblicher Teil an Pflege, Betreuung und Versorgung privat organisiert und familiär erbracht wird.

Aufgrund nachhaltiger Veränderungsprozesse innerhalb der Gesellschaft [höhere Individualisierung; erhöhtes Renteneintrittsalter; Jobnomaden Status; multiple Formen von Lebensgemeinschaften] bleibt zu erwarten, dass die familiär orientierte Pflegeunterstützung abnimmt und alternativ eine vielseitig anpassungsfähige Pflegeinfrastruktur zum Tragen kommt.

Hierzu gehört zweifelsfrei mit an erste Stelle die zentrale Frage nach dem ‚Wohnsitzprinzip'.

Klassische Pflege- und Seniorenheime werden dabei häufig nur als letzte Option einer altersgerechten Versorgung angesehen. Tatsächlich spielen aber zunehmend alternative Wohnformen für Senioren und Seniorinnen eine größere Rolle am Markt.

Da ältere Menschen durchaus dazu neigen, einen erhöhten Zeitanteil im eigenen Wohnumfeld zu verbringen, benötigen sie eine Art ‚Handlungs- und Erlebensbereich' im eigenen häuslichen Umfeld mit vertrauten Tagesabläufen und zuverlässigen Serviceleistungen.

Alternative Wohnformen können dabei einen Lösungsansatz darstellen, wobei neben dem Gesundheitswesen auch Pflege- und Betreuungseinrichtungen im größeren Stil gefordert sind, sich diesen Wohnansprüchen der alternden Gesellschaft zu stellen und dabei für belastbare Rahmenbedingungen zur Bedürfniserfüllung der Nachfrager zu sorgen.

3. Demografischer Wandel und Veränderung der Bevölkerungsstruktur in Deutschland

Vor nahezu 25 Jahren fand das Thema des „Demografischen Wandels" in Deutschland erstmals Einzug in Podiumsdiskussionen des Deutschen Bundestages. Die sogenannte Enquête Kommission erarbeitete im Jahr 1992 Thesen und Verlaufsszenarien hinsichtlich des voraussichtlichen demografischen Wandels in Deutschland.

Im Kern der Ergebnisdarstellung repräsentiert sich, dass elementare Veränderungen innerhalb der Altersstruktur, Sterberaten, Geburtsraten sowie in stetigen Aus- und Abwanderungsbewegungen festzustellen sind. Diese Kernaussagen sind der nachstehenden Abbildung zu entnehmen.

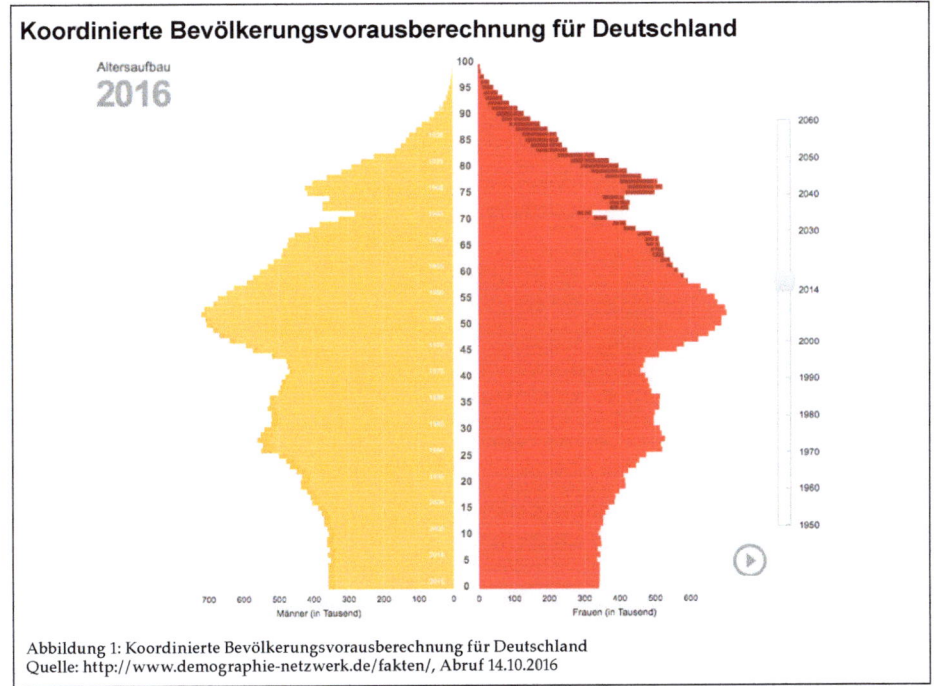

Abbildung 1: Koordinierte Bevölkerungsvorausberechnung für Deutschland
Quelle: http://www.demographie-netzwerk.de/fakten/, Abruf 14.10.2016

Dabei schatten derartige Phänomene innerhalb der deutschen Gesellschaft in vielfältiger Weise auf die volkswirtschaftliche Lage.

Neben konkreten Auswirkungen auf lokale und überregionale Arbeitsmärkte gestalten Anbieter innerhalb des Versicherungswesen, des Gesundheitswesens sowie auch der Öffentlichen Hand soziodemografische Strukturen und Maßnahmenpakete, um der zu erwartenden Bevölkerungsstrukturänderung angemessen zu begegnen. Zudem bedeutet dieser Veränderungstrend für die Immobilienwirtschaft weit reichende Konsequenzen: neue Wohnnutzungskonzepte für einen ausgewählten Teil der Bevölkerung müssen entstehen, hohe Anforderungen an Wohnkomfort und Ergonomie erfüllen, eine belastbare Begleitinfrastruktur mit sich bringen, nicht nur Großstädte versorgen und zu guter Letzt auch bezahlbar in der Anschaffung und Nutzung bleiben.

3.1 Entwicklung der Bevölkerung in Deutschland

Rückblickend auf das Jahr 2014 betrug die Gesamtbevölkerung in Deutschland rund 81 Millionen Menschen. Bezogen auf Veränderungsbewegungen im Mehrjahresvergleich liegt trotz einer sehr leichten positiven Wachstumsrate seit dem Jahr 2010 (+0,2%) grundsätzlich eine rückläufige Tendenz seit Beginn der Nachkriegszeit im Jahr 1945 vor.

Dabei ist im Jahr 2012 mit rund 82,5 Millionen in Deutschland lebenden Menschen der vorläufige Höchststand verzeichnet. Stetige Bevölkerungszuwächse und –abnahmen folgen dabei einem Zyklus, der von wirtschaftlichen und geografischen Einflüssen geprägt ist. Aber nicht nur die absolute Anzahl der lebenden Menschen ist für die Darstellung der Bevölkerungsstruktur relevant, sondern auch deren Zusammensetzung hinsichtlich Alter, Geschlecht, Nationalität, Bildungsgrad und Haushaltsgröße gibt wichtige Aufschlüsse über die Haltbarkeit betrachteter sozialen Strukturen

Für eine valide und somit kalkulationsbelastbare Grundlage nimmt das Statistische Bundesamt im Rahmen einer Bevölkerungsvorausberechnung ausgewählte Rahmenbedingungen an. Dabei stagnieren Geburtenraten innerhalb des Landes auf einem ähnlich niedrigen Niveau; Sterberaten sinken zudem weiterhin bzw. treten zu späteren Zeitpunkten ein; der Saldo zwischen Zu- und Abwanderung entspricht dem langfristigen Durchschnitt und ist somit leicht negativ.

Basierend auf dieser Voraussetzung, ist für Deutschland anzunehmen, dass dort im Jahr 2060 zwischen 65 und 70 Millionen Menschen leben werden. Dabei sind allerdings seit dem Jahr 2015 eintretende Migrationsbewegungen, die aufgrund politischer

Unruhe und Flüchtlingsbewegungen ergänzend einwirken, bewusst nicht eingerechnet. Zu unpräzise gestaltet sich derzeit noch die absolute Anzahl an dauerhaft im Land Verbleibenden und deren Altersstruktur. Selbst bei einer alternativen Berechnungsvariante, nach der die betrachtete Geburtenrate tendenziell ansteigt, werden nicht mehr als 77 Millionen Menschen als in Deutschland wohnhaft angenommen.

3.2 Wandel der Altersstruktur

Im Betrachtungsraum Deutschland ist die Lebenserwartung der Bevölkerung in den vergangenen Jahren deutlich angestiegen.

Neben einer professionellen, stabilen und sich stetig weiter entwickelnden medizinischen Versorgung einschließlich vielfältiger Therapieformen und Früherkennungssystemen, verfügen die in Deutschland lebenden Menschen über ausreichende finanzielle Mittel, um eine angemessene, gesundheitsförderliche Ernährung einzunehmen.

Ein über Jahrzehnte aufgebautes, etabliertes Sozialversicherungssystem sorgt zudem für Sicherheit bei akut eintretenden Krankheits-, Unfall- und Pflegesituationen.

Positiv ergänzend liegen Mindeststandards in der Energieversorgung mit sauberem Trinkwasser und ganzjährig verfügbarer Energie vor, die zu einer Wohnqualität beiträgt.

Abschließend liegen hohe Hygienestandards vor, die ansteckende Erkrankungen und Infektionen signifikant reduzieren.

Diese Kombination aus ökonomisch | technisch | medizinisch geprägten Einflusskriterien fördert eine zunehmende Alterung der in Deutschland lebenden Gesellschaft.

Innerhalb des Teilsegmentes der Betrachtung des Geburtenrückganges lässt sich konstatieren, dass die Bereitschaft, Nachwuchs zu zeugen, weiterhin tendenziell abnimmt, ohne dass staatliche bereitgestellte Transferleistungen wie das Kindergeld hier einen signifikanten Gegentrend auslösen.

Zudem sinken die Anzahl der Eheschließungen und zugleich die Quote der Single(haushalte), so dass auch hier ein Einfluss auf die Bevölkerungsstruktur der Zukunft genommen wird.

Ein Interessenskonflikt besteht zudem im Moment der Entscheidung, ob und inwieweit Kinder und berufliche Karriereambitionen eine zumutbare Kombination darstellen. Im Ergebnis nimmt die Anzahl des Nachwuchses ab; das Durchschnittsalter der Bevölkerung in Deutschland indes steigt an.

3.3 Einflüsse durch Zu- und Abwanderung

Rückblickend auf das Jahr 2013 belief sich die Anzahl nach Deutschland zugewanderter Personen auf rund 1,227 Millionen.

Im Gegensatz dazu stehen deutlich weniger als eine Million abgewanderte Menschen: 797.900 waren es im betrachteten Jahr 2013.

Insofern ist gegenwärtig die Bevölkerungsstruktur einer Veränderung unterworfen, als dass zunehmend Menschen mit Migrationshintergrund in Deutschland leben und hier dauerhaft ihren Wohnsitz einnehmen.

Erneut übertragen auf die Situation der Gesamtbevölkerung in Deutschland ist prognostiziert, dass die Anzahl in Deutschland lebender Personen über alle Altersklassen hinweg sich auf etwa 74 Millionen im Jahr 2050 (inklusive Migrationsbewegungen) beziehungsweise auf rund 55 Millionen Personen (exklusive Migrationsbewegungen) verändert.

Daraus resultiert auch, dass die Relevanz der Bevölkerungsgruppe, 65 Jährigen und älter | Ü65' wegen der sozialen Alterungsstruktur und niedriger Kindergeburtenraten zunimmt, so dass für das Jahr 2030 – vorsichtig abgeschätzt – 1/3 der Gesamtbevölkerung ausmachen wird.

Diese Entwicklung zur demografischen Alterung führt unweigerlich dazu, dass Pflegebedürftigkeit in ganz unterschiedlicher Ausprägung eine gesellschaftliche Großaufgabe wird und dabei einen enormen Stellenwert einnimmt. Das aus den Erklärungen abzuleitende Entwicklungsphänomen bedeutet auch, dass eine hohe Nachfrage nach Pflegeimmobilien entsteht und weitere wichtige Pflegedienstleistungen bereitstehen müssen, um Pflege professionell betreiben zu können.

Aus der reinen Approximation der Bevölkerungsveränderungen in der Altersgruppe der 65 Jährigen und älter (Ü65) entsteht zugleich ein enormer Vorbereitungsaufwand auf Seiten der Anbieter. Bezogen auf die notwendige Anzahl an Betten für insbesondere intensiv zu betreuende Pflegebedürftige wird bis zum Jahr 2030 von annähernd 300.000 Einheiten ausgegangen.

Für die Anbieterseite – in Form von Projektgesellschaften, Bauunternehmen, begleitenden Architekten und Ingenieuren – bedeutet dieses ein potentielles Auftragsvolumen bis zu 5 Milliarden Euro in Summe. Dabei ist aufgrund der gegenwärtig hohen Nachfrage nach Pflegeimmobilien der Bedarf bereits zum jetzigen Zeitpunkt nicht vollständig zu decken.

Um den Entwicklungstrend der Projektentwicklung im Immobiliensektor nachzuvollziehen, erscheint es zweckmäßig, den Verlauf der vergangenen 10 Jahre vom Jahr 2005 bis 2014 nachzuvollziehen.

Ende des Jahres 2005 gab es in Deutschland rund 10.000 Pflegeheime, die den formalen Vorgaben des Sozialgesetzbuches | Kapitel

XI entsprachen, sich dabei aber in unterschiedlicher Trägerschaft befinden.

Mehr als die Hälfte waren dabei frei gemeinnützig; 38% in privater Trägerschaft; der Rest in Höhe von rund 7% gehört in Öffentliche Trägerschaft. Weitere charakteristische Merkmale der Pflegeheime sind dabei:

- Durchschnittsgröße der Pflegeheime: 80 – 120 Pflegeplätze
- Pflegekassen sind dabei Hauptkostenträger gemäß Vereinbarungen nach der Pflegeversicherung
- Grad der Pflegebedürftigkeit und der damit verbundenen Pflegesätze sind nach §15 Sozialgesetzbuch XI geregelt
- Grundleistungen der Pflegekassen werden chronologisch ergänzt durch persönliche Vermögenssituation der Pflegebedürftigen und Sozialhilfeträger

4. Investoren der Pflegeimmobilien

Aus Sicht verschiedener Investorenrollen können Pflegeimmobilien ganz unterschiedliche Anlässe erfüllen. Das Investitionsobjekt selbst – das Pflegeheim und deren Teileigentumseinheiten in Form von Pflegezimmern und -wohnungen – befindet sich derzeit in den meisten Betrachtungsfällen im Besitz des Betreibers selbst und ist dabei überwiegend fremdfinanziert.

Mehrere Pflegeimmobilien können dabei auch innerhalb eines geschlossenen Immobilienfonds der Anlageklasse ‚Pflegeimmobilien' gebündelt werden.

Dabei kommen als Investorengruppen grundsätzlich sowohl private Investoren als auch institutionelle Anleger in Frage. Beide Gruppen haben grundsätzlich freien Zugang zu Objekten, die am Markt direkt vom Objektersteller oder über einen Anlageklassen orientierten Marktplatz – beispielhaft über die DI Deutschland.Immobilien AG - angeboten werden.

Finanzkräftige, auch im Ausland ansässige Großinvestoren in Form von Versicherungsgesellschaften, Pensionsfonds, Investmentfonds und Immobiliengesellschaften agieren zunehmend auf dem deutschen Pflegeimmobilien Markt, der sich bereits im jetzigen Zustand als stark limitiert hinsichtlich der angebotenen Objekte zeigt.

Allerdings sind institutionelle Investoren mit verhaltener Euphorie am Markt zu beobachten: mangelnde Markttransparenz, ein fehlendes Erfahrungswissen um den passenden Marktkaufpreis sowie nicht ausreichendes Knowhow in Verbindung mit Spezialkenntnissen um gesetzliche Bestimmungen rund um den Pflegeimmobilien Markt bremsen dabei intensive Engagements.

Zudem sind sich ausländische Investoren nicht sicher genug im Hinblick auf dauerhafte Betreiberstabilität bei Pflegeheimen und fürchten in diesem Kontext Insolvenzfälle der Betreiber. Deren Geschäftsmodell der Investition in Sachwerte mit direkter Refinanzierung über Miet-/Pachtverträge gerät aus Eigeneinschätzung unter Umständen schnell in Schieflage, wenn ein Betreiberausfall zu beklagen ist und nicht schnell genug ein solventer Nachfolger gefunden werden kann.

4.1 Projektentwicklung bei Pflegeimmobilien

Ein Pflegeheim als vollständig funktionsfähiges Objekt darzustellen, erfordert speziell bei Neubauten und auch umfangreich sanierten Immobilien einen erheblichen Projektierungsaufwand.

Dabei müssen diverse Aktivitäten wie Planungsarbeiten, Baudurchführung, Wertschöpfungssicherung in verschiedenen Gestaltungsphasen der Immobilie, Nutzungsfestlegung, Kapitalbeschaffung und deren Investition sowie eine stabile Nutzungskonzeption über Verkauf | Miete | Pacht in sich stimmig entworfen werden. Diese exemplarischen Handlungsfelder sind zudem interdisziplinär miteinander verbunden und bedingen ein straffes Management.

Von wesentlicher Entscheidungsbedeutung sind in diesem Zusammenhang die Auswahlkriterien des Standortes, der Projektidee und -realisierung sowie des Kapitals.

Während des gesamten Arbeitszyklus der Projektentwicklung wirken die genannten Auswahlkriterien sowie deren Detailaspekte kombinatorisch miteinander. Ihre geschickte, gestaltungsfähige Zusammenstellung soll das Projektvorhaben ‚Pflegeimmobilie' langfristig absichern und zur ausreichenden Rentabilität für alle Beteiligten führen.

Der vollständige Lebenszyklus der Pflegeimmobilie umfasst dabei Einzelphasen, beginnend bei der Phase der Projektinitiierung über Bauausführungsaktivitäten sowie Gebäudebewirtschaftung bis hin zur ersten Modernisierung | Umbau oder Weitergabe der Immobilie für andere Nutzungszwecke.

Die Projektinitiierung kann dabei drei klassische Startsituationen berücksichtigen.

Option 1 geht vom Vorhandensein eines konkreten Standortes aus, wobei noch eine möglichst konkrete Projektidee sowie über die Gesamtprojektlaufzeit punktuell verfügbares Kapital benötigt werden. Der eingesetzte Projektentwickler sucht im Zuge einer Standortanalyse einen geeigneten Ort für das projektierte Immobilienvorhaben und fixiert diesen formal. Dabei spielen soziokulturelle, politisch-rechtliche, makroökonomische, technologische und stadtplanerische Rahmenbedingungen eine zunehmend entscheidungsbeeinflussende Rolle.

Option 2 beinhaltet eine bereits ausreichend validierte Projektidee mit konkreten Realisierungsphasen, wobei in diesem Fall sowohl der Mikro- | Makrostandort als auch Basiskapital noch benötigt werden. Ein dem Nutzungszweck der Immobilien angemessenes Areal zu finden und zu fixieren, ist in dieser Situation die Schwerpunktaufgabe des Projektentwicklers. Dabei sind Vermarktungsplattformen sowie auf ausgewählte Anlagenklassen spezialisierte, professionelle Vermittler mit Fachexpertise unverzichtbar.

In der dritten Option ist Basiskapital für die Realisierung der Immobilienprojektierung vorhanden, wobei es aber in der Startphase sowohl an einem konkreten Standort als auch an einer Projektidee scheitert. Hierbei handelt es sich um eine präferierte Entscheidungssituation für Endinvestoren: vorhandenes Kapital soll direkt in Immobilieninvestitionen angelegt werden, wobei eine adäquate Projektidee mit realistischer Aussicht auf Rentabilität an einem noch zu beschaffenden Mikrostandort gefunden werden muss. Diese Situation liegt häufig vor, wenn institutionelle Investoren wie inländische und ausländische Versicherungsgesellschaften und/oder Pensionskassen finanzielle Mittel für Investitionen in Projektentwicklungen verwenden.

Sofern ein investitionsinteressanter Standort gefunden ist, der als Projektentwicklung dient, sorgt eine umfangreiche Standortanalyse für eine Eignungsprüfung zur Nutzung.

Bei einem positiven Befund folgen unmittelbar weitere Aktivitäten wie Grundstückssicherung sowie vermarktungsvorbereitende Aktivitäten im Sinne eines Verkaufes und Vermietung/Verpachtung der Immobilie im Ganz- oder Teileigentum. Im Anschluss an die Standortanalyse kann im Zusammenhang mit einer Nutzungskonzeption ein Nutzerbedarfsprogramm erstellt werden, das ein Vorplanungskonzept auf Basis konkreter Lagepläne und Grundrisse beinhaltet. Erst auf dieser Basis sind erste konkrete Kostenkalkulationen im Bauwesen möglich, die einen wesentlichen Bestandteil der Erlösrechnung für die Wirtschaftlichkeitsbetrachtung repräsentieren.

Während der Phase der Risikoanalyse erfolgt eine zielgerichtete Prüfung, welche Risikolagen während des Projektentwicklungsprozesses entstehen können und welches potentielle Ausmaß hinsichtlich einer fehlerhaften Einschätzung des Standorts oder Nachfragebedarfs gegeben sein könnten. Zudem folgen Einschätzungen, welche Konsequenzen für die Projektierungsteilnehmer aus Konflikten wegen Kostenüberschreitung, nicht termingerechter Fertigstellung, mangelnde Bauausführungsqualität, Ertragsausfällen wegen nicht vollständiger, termingerechter Vermietung/Verkauf sowie aus negativen Substanzwertänderungen wegen verschlechterter Standortqualität, Bedarfsänderungen auf Nachfrageseite oder generellen Änderungen des gesamtwirtschaftlichen Rahmens ausgelöst werden könnten.

Sofern das Projektvorhaben eine ausreichend realistisch zu erzielende Rendite für den Projektentwickler und die direkt anhängigen Interessensgruppen verspricht, gelten die identifizierten Risikofaktoren als beherrschbar mit der Folge einer direkt einsetzenden Projektkonkretisierung.

Eine nachfolgende Abbildung stellt den Gesamtzusammenhang eines Projektierungsablaufes innerhalb der Immobilienwirtschaft kompakt dar:

Beispielhafte Darstellung eines Projektierungsablaufes innerhalb der Immobilienwirtschaft

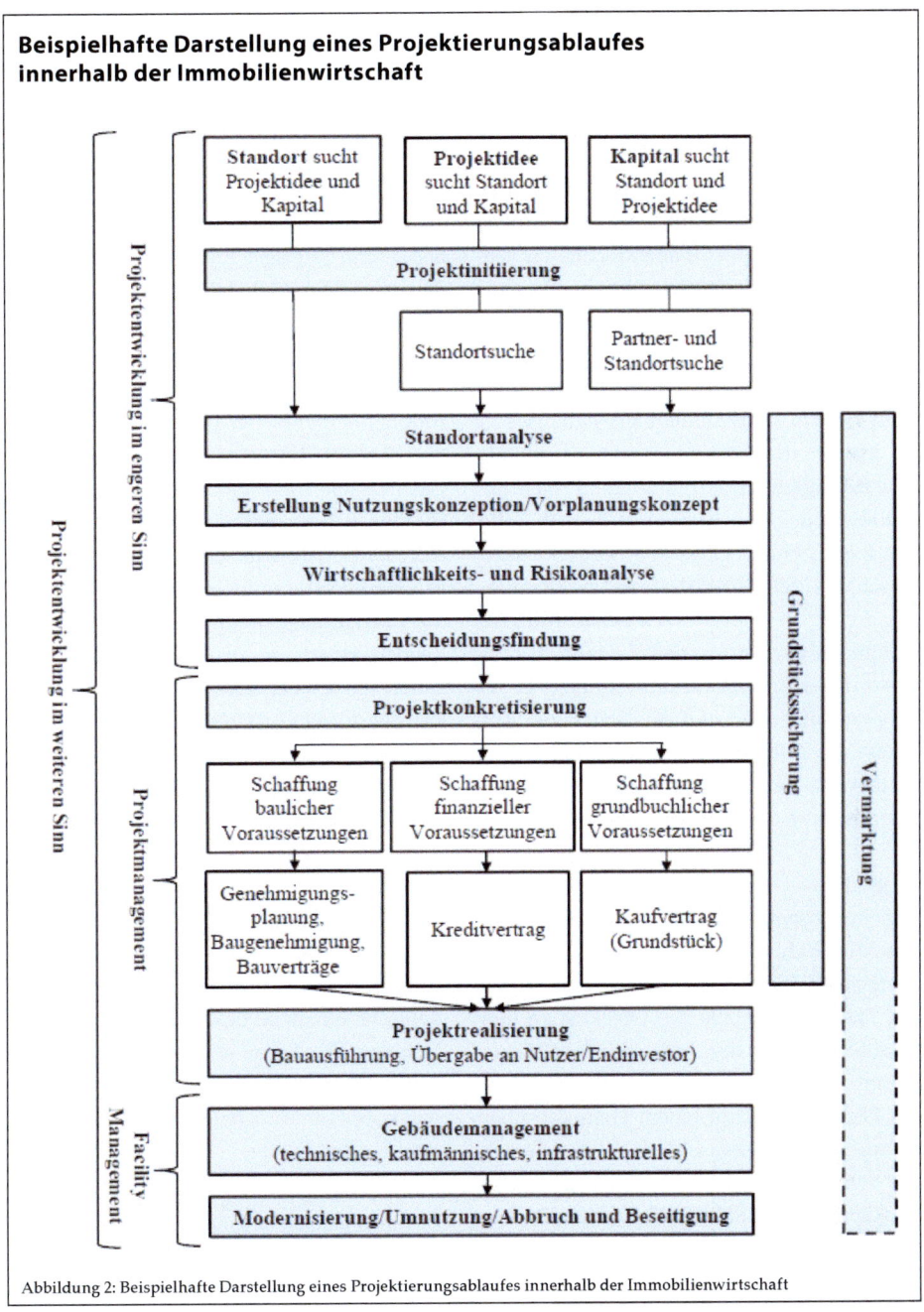

Abbildung 2: Beispielhafte Darstellung eines Projektierungsablaufes innerhalb der Immobilienwirtschaft

Zur Verdeutlichung der Vielzahl an Projektbeteiligten folgt hier eine Kurzcharakteristik der wesentlichen Akteure, die sich in diesem Fall speziell im Aktionsfeld der ‚Pflegeimmobilie' wiederfinden. Diese Konstellation der Beteiligten und deren Kooperation bedingt es, um dem Endinvestor (privat | institutionell) auch formal zu verdeutlichen, dass keine wesentlichen Instanzen im Projektierungsvorhaben übersehen wurden.

Dem bereits vorgestellten Projektentwickler kommt die Gesamtverantwortung für eine gelungene Koordination der Projektaktivitäten zu. Dabei changiert dessen Rolle wie folgt: behält er das Projektobjekt nach Abschluss der Projektierung im Eigenbestand oder investiert aus eigenen Mitteln, so handelt es sich um den Zustand des Investor-Developer. Alternativ fungiert er als Service-Developer und handelt dabei auf Rechnung und Risiko des beauftragenden Bauherren, der wiederum Eigentümer des Grundstücks des Projektobjektes ist.

Eine dritte Facette des Projektentwicklers repräsentiert der Trader-Developer mit Übernahme rechtliche und betriebswirtschaftliche Gesamtverantwortung bis zur finalen Übergabe des Objektes an den Endinvestor. Bei der Anlageklasse ‚Pflegeheime' wird dabei vor Erstellungsbeginn ein Pachtvertrag mit einem Heimbetreiber formuliert und abgeschlossen. Der Betreiber selbst ist es, der in den Pachtvertrag eintritt und somit alle entstehenden Rechte und Pflichten hieraus trägt. Die vielfältigen Projektaufgaben werden in der Regel über Dienstleistungs- oder Werkverträge mit Dritten wie beratenden Architekten, Planungsunternehmen, Projektsteuerern und Baugewerk erbringenden Unternehmen abgewickelt.

Der Endinvestor ist in diesem Fall gleichbedeutend mit dem Eigentümer und somit derjenige Projektbeteiligte, welcher ein Pflegeheimprojekt erwirbt und darüber im Teil- oder Volleigentum verfügen kann. Eine Gruppe der Endinvestoren sind institutionelle Investoren juristischer Art [Immobilienaktiengesellschaften, offene und geschlossene Immobilienfonds, Banken, Pensionskassen, Stiftungen sowie Versicherungsunternehmen]; eine weitere Gruppe private Investoren als natürliche Personen, die individuelle Investitionen mit eigenen Renditeerwartungsabsichten tätigen. Auch Unternehmen der öffentlichen Hand stehen als Investoren zur Verfügung, wobei deren Intention vornehmlich in der primären Versorgungssicherheit der Bevölkerung mit Pflegebedarf steht.

Der Begriff und die mit dieser Rolle verbundenen Funktionen des Endinvestors sind hierbei so zu verstehen, dass dieser Pflegeheime nicht selbst betreibt, sondern vielmehr einen verlässlichen Betreiber als Pächter sucht. Somit sind Betreiber und Eigentümer unterschiedliche Gesellschaften und koppeln sich über einen Pachtvertrag miteinander.

Dem Eigentümer (Verpächter) werden regelmäßige Pachteinkünfte zugerechnet. Der Betreiber (Pächter) erhält mit Abschluss eines Pachtvertrags und gegen Pachtzahlung die tatsächliche Verfügungsgewalt und die Nutzungsbefugnis über das Pflegeobjekt.

Der Betreiber einer stationären Pflegeeinrichtung bietet über die Pflegeimmobilie ein hohes Spektrum an Dienst- und Produktionsleistungen an: neben der reinen Unterkunft sind es auch persönliche Pflegeleistungen sowie Gastronomie. Neben den Pflegeheimbewohnern nehmen auch Mitarbeiter des Pflegepersonals Leistungen des Pflegeheims in Anspruch.

Hinsichtlich der Finanzierung besteht in der Regel ein Darlehensvertrag mit einem Geldinstitut. Auf öffentlicher Seite zählt das regional zuständige Bauamt ebenfalls zur direkten Projektbeteiligten Gruppe und sorgt für die Baugenehmigung und Konkretisierung der Bebauungsauflagen (Bebauungsplan). Eine zentrale Rolle spielen innerhalb der Pflegeheim Projektierung staatliche Pflegekassen sowie Sozialhilfeträger: sie sind es, die mit den Betreibern der Pflegeheime konkrete Vereinbarungen zum Heimentgelt in EURO sowie zu Leistungs- und Qualitätsanforderungen konkretisieren.

Die nachstehende Abbildung zeigt die Gesamtkonstellation der wesentlichen Beteiligten im Rahmen einer Pflegeheim Projektierung auf.

Zusammenhang wesentlicher Beteiligten bei Pflegeheim Projektierung

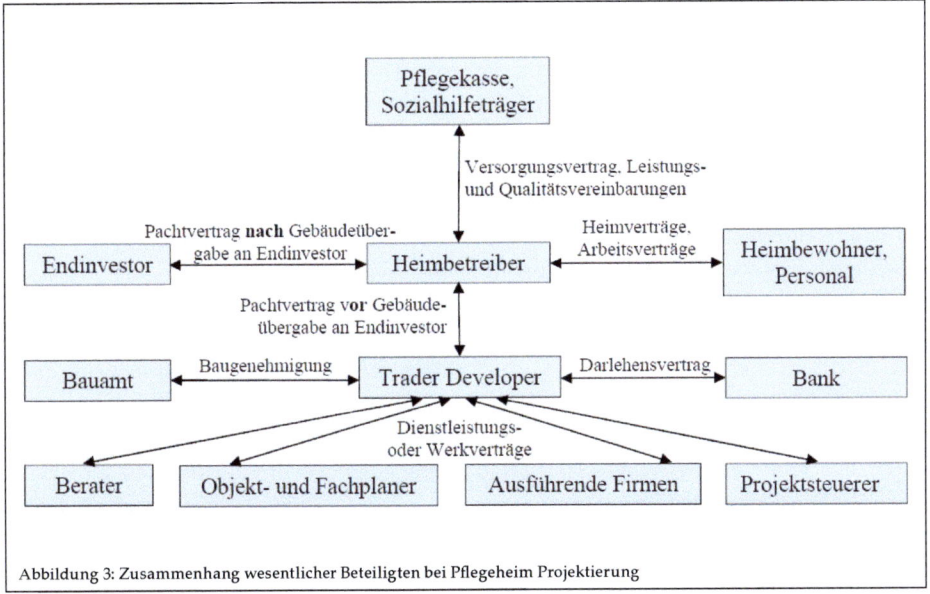

Abbildung 3: Zusammenhang wesentlicher Beteiligten bei Pflegeheim Projektierung

4.2 Chancen für Projektentwickler bei Pflegeimmobilien

Der innerhalb dieses Fachbeitrages erläuterte demografische Wandel in Deutschland beeinflusst das Nachfrageverhalten innerhalb der Bevölkerung auf ganz unterschiedliche Art und Weise.

Bereits in den kommenden Jahren ist zu erwarten, dass sich – verstärkt in infrastrukturell stark erschlossenen Ballungszentren – Einpersonenhaushalte und auch die Anzahl an Seniorenhaushalten verstärkt entwickeln werden.

Folgende Referenz verdeutlicht den dargestellten Zusammenhang: Wohnprojekte in deutschen Großstädten wie München, Berlin oder Hamburg zeichnen sich durch einen enormen, nicht abreißenden Neubaubedarf aus. Während in den Betrachtungsjahren 2012/2013 die Zahl der erteilten Baugenehmigungen in Ballungszentren bei rund 39.000 Anträgen lag, handelt es sich dabei um einen Zuwachs in Höhe von 40% im Vergleich zu den Jahren 2010/2011.

Um einem chronischen Platzmangel in diesen Wohnzentren zu begegnen, werden zugleich auch bestehende Objekte – selbst in maroden Zuständen – saniert und für eine dauerhafte Bewohnbarkeit hergerichtet.

In ausgewählten Stadtteilen setzt dabei zudem der Effekt der Gentrifizierung ein: durch das enorme Ungleichgewicht zwischen Wohnraumangebot und Wohnraumnachfrage bei gleichzeitig niedrigen Fremdkapitalkosten für die Beschaffung setzt ein soziodemografischer Verdrängungseffekt ein. Personengruppen, die über ein entsprechendes Einkommen verfügen, agieren im Wohnmarkt bestimmter Stadtteile großstädtischer Agglomerationen als Käufer und Mieter und lassen weniger finanzkräftige Personenkreise mit dem Problem noch bezahlbarer Wohnraumsituationen zurück.

Diese ohnehin bereits angespannte soziodemografisch geprägte Lage erleidet weitere Belastung, wenn zu berücksichtigen ist, dass durch eine Überalterung der Gesellschaft weiterer zusätzlicher Wohnbedarf generiert wird beziehungsweise bestehender Wohnraum in altersgerechten Wohnraum der Zukunft modifiziert werden muss.

Alles in Allem liegt somit eine große Herausforderung auch für Projektentwickler vor, den hier kurz skizzierten Anforderungen an gerechtes Wohnen zu entsprechen. Das Tätigkeitsspektrum ist dabei chancen- und risikofähig zugleich. Wohnraum als physische Fläche ist limitiert, nicht transportfähig und nicht beliebig reproduzierbar.

Vielmehr gilt es, aufgrund der begrenzten Flächen- und Objektverfügbarkeit eine dauerhaft belastbare Nutzungskonzeption zu entwickeln und der realen Nachfragesituation möglichst passgenau zu entsprechen.

4.3 Beispielberechnung: Investitionsvorhaben in Pflegeimmobilien

Um exemplarisch darzustellen, wie eine Investition in eine Pflegeimmobilie konkret verlaufen kann, folgt ein Berechnungsbeispiel. Diese berücksichtigt den Einsatz von Fremd-/Eigenkapitalmitteln und kann entsprechend der persönlichen Vermögenslage individuell variiert werden.

Rahmendaten zum Objekt

- Pflegeheim ‚Leineblick' in der Region Hannover
- Zu verkaufende Einheiten: 100
- Renditeansatz: 5,00% pro Jahr
- Baujahr des Pflegeheims und Inbetriebnahme: 2014
- Anzahl der Pflegeeinheiten: 100
- Anzahl Einzelzimmer: 100
- Grundstücksgröße: 5.000 m²
- Wohnflächenaufteilung: gleich verteilt; alle 50 m²

- Miete / m² pro Monat: 11,25 Euro
- Indexierung: 60 % [= 60 % der ermittelten Inflation zur kalkulatorischen Mietsteigerung]
- Hausverwalterkosten: 150 Euro pro Jahr
- Instandhaltungskosten pro m²: 2 Euro im Jahr
- Grunderwerbssteuer: 5% auf den notariellen Kaufpreis

Einnahmen | Ausgaben monatlich

- Mieteinnahme: 563 Euro
- Zinsaufwand: 168 Euro
- Tilgungsaufwand: 176 Euro
- Rücklagen: 9 Euro

- Verwaltungskosten: 13 Euro
- Monatlicher Einnahmeüberschuss: 197 Euro (ohne steuerliche Berücksichtigung)

Einnahmen | Ausgaben über 25 Jahre Laufzeit (akkumuliert)

- Mieteinnahme: 189.127 Euro
- Zinsaufwand: 28.002 Euro
- Tilgungsaufwand: 68.789 Euro
- Rücklagen: 3.186 Euro
- Verwaltungskosten: 4.780 Euro
- Steuern: 32.083 Euro
- Eigenkapital: 75.000 Euro

- Indexierter Objektwert (Kaufpreis zuzüglich Wertsteigerung über Inflationskomponente): 221.482 Euro
- Akkumulierter Einnahmeüberschuss: 198.770 Euro

5. Derzeitiges Versorgungssystem bei Pflegebedürftigkeit in Deutschland | Rechtliche Rahmenbedingungen

Seit gut 20 Jahren besteht in Deutschland nunmehr das Pflegeversicherungsgesetz und sorgte für die offizielle Freigabe und Einführung der gesetzlichen Pflegeversicherung als erweiterten Bereich innerhalb des sozialen Sicherungssystems. Hierbei handelt es sich zudem um eine Pflichtversicherung für alle Bürger des Landes.

Finanziell getragen wird die soziale Pflegeversicherung von Pflegekassen, die sich im System der Krankenkassen verorten. Formal hat hierbei jede Krankenkasse eine Pflegekasse einzurichten, deren Mittelverfügung untereinander allerdings einer strikten Teilung unterliegen.

Letzteren obliegt dabei nach § 69 SGB XI grundsätzlich eine bedarfsgerechte, pflegerische Versorgung ihrer Versicherten (Sicherstellungsauftrag). Speziell zur Erfüllung dieses Auftrages haben Pflegekassen individuelle Versorgungsaufträge mit Trägern der Pflegeeinrichtungen zu vereinbaren.

Dabei unterscheidet der Gesetzgeber in drei Pflegestufen und differenziert diese wie folgt:

- Pflegestufe I | Erheblich Pflegebedürftige
- Pflegestufe II | Schwerpflegebedürftige
- Pflegestufe III | Schwerstpflegebedürftige

Die Leistungserbringung seitens der Pflegeversicherung ist dabei pro Pflegestufe monetär gesetzlich fixiert, wonach – basierend auf einem Pflegegutachten – nach den Regelungen des § 36 SBG XI alternativ Pflegegeld oder aber Pflegeeinsätze professioneller, ausgebildeter Pflegekräfte sowie hauswirtschaftliche Versorgung als Pflegesachleistung finanziert werden können.

Im Kontext der Bewertung der Pflegeversicherung als Element des sozialen Sicherungssystems in Deutschland ist diese allerdings als limitierte Leistung des Staates zu interpretieren, da es sich um ein gestuftes Versorgungsmodell handelt. Primär in der Leistungsverpflichtung stehen in direkter Verantwortung Familienangehörige und haben eine lebensumstandszumutbare Versorgung sicherzustellen. Über die Transferleistung des Pflegegeldes wird eine Pflegebereitschaft gefördert und aufrechterhalten. Bezugsberechtigt ist dabei die pflegebedürftige Person selbst, die wiederum diese monetäre Grundversorgungszahlung individuell an Leistungserbringer weitergibt. Das Bundesministerium für Gesundheit in Deutschland hat hierzu per 01. Januar 2015 die Leistungsansprüche der Versicherten an die Pflegeversicherung neu geregelt und Zahlungsansprüche im Detail über alle Pflegestufen hinweg geregelt.

Zur Verdeutlichung der alltäglichen Wichtigkeit eines funktionsfähigen Pflegeversicherungssystems werden folgende Daten angeführt: im Betrachtungsmoment Mai 2015 waren monatlich rund 2,7 Millionen Menschen abhängig von Leistungen der Pflegeversicherung, wobei 1,9 Millionen Pflegebedürftige ambulante Leistungen und 0,8 Millionen Menschen dauerhaft stationäre Pflege in Anspruch nahmen.

Die Tendenz der Pflegebedürftigkeit und -nachfrage nach sowohl ambulanten als auch (teil)stationären Leistungen ist dabei eindeutig steigend und fordert somit auch das Bundesministerium für Gesundheit auf, zukunftsfähige Rahmenbedingungen verlässlich zu garantieren, damit weitere Nachfrage angemessen bedient werden kann.

An dieser Stelle wird auf die zum 01. Januar 2017 in Kraft getretene Pflegereform in Deutschland hingewiesen. Im Rahmen ausgewählter Reformansatzpunkte innerhalb der Pflegeversicherung in Deutschland treten zum 01. Januar 2017 einige Änderungen für Pflegebedürftige und deren Angehörige in Kraft. Als zentrale Novelle gilt dabei die Erweiterung des Begriffs der Pflegebedürftigkeit. Nunmehr sind auch geistige und psychische Einschränkungen verstärkt im Gesetz verankert und werden stärker berücksichtigt, so dass auch Demenz- und Alzheimer Erkrankte eine angemessene Versorgung erfahren und betreuende Familienmitglieder eine Entlastung erfahren. Zusätzlich werden monetäre Entgeltleistungen angepasst und das bekannte Pflegestufen Prinzip durch Pflegegrad Einstufungen ersetzt.

Konkret betrifft die Pflegereform folgende Detailregelungen:

- **Fokus: Selbständigkeit im Alltag**
  Die Begutachtung durch den Medizinischen Dienst der Krankenkassen konzentriert sich auf die fundierte Einschätzung, wie selbständig sich der Pflegebedürftige bei der Bewältigung seines Alltags verhalten kann. Dieses Spektrum wird in sechs Bereichen individueller Beeinträchtigungen und Fähigkeiten der bzw. des Pflegebedürftigen differenziert.

- **Individuellere Pflege für alle Pflegebedürftigen**
  Ab Januar 2017 existieren fünf Pflegegrade. Die Neufassung des Pflegebedürftigkeitsbegriffes sorgt für mehr Präzision und Unterscheidbarkeit bei der Bewertung individueller Beeinträchtigungen und Fähigkeiten der Pflegebedürftigen.

- **Gleichberechtigte Leistungen für Demenzkranke**
  Inzwischen rund 1,6 Millionen Menschen mit demenziellen Erkrankungs-

zuständen in Deutschland werden nach der Pflegereform ebenfalls bei der Einstufung in einen Pflegegrad gleichberechtigt berücksichtigt. Auch gelten körperliche, geistige und psychische Beeinträchtigungen gleichermaßen als pflegebedürftig relevant und unterliegen den Einstufungskriterien.

- **Senkung administrativer Aufwände für Pflegebedürftige und Angehörige**
Verwaltungsreduktion beabsichtigt, Versicherte und Pflegebedürftige formal zu entlasten. Gutachten der Medizinischen Dienste zur Einstufung in festgelegte Pflegegrade erfolgen ab dem Jahr unaufgefordert ohne separates Antragstellungsverfahren.

5.1 Soziales Pflegeversicherungsgesetz - SGB XI

Die Komponente der Pflegeversicherung in Deutschland besteht inzwischen seit mehr als 20 Jahren: zum Jahreswechsel 1995 wurde die soziale Pflegeversicherung am 01.01.1995 als zusätzliche Säule der deutschen Sozialversicherung neben der Renten-, Kranken-, Unfall- und Arbeitslosenversicherung integriert. Hauptziel war dabei, Pflegebedürftigen Hilfe zukommen zu lassen, sofern diese gesetzlich oder freiwillig bei einer Krankenkasse versichert sind.

Die unterhalb der Pflegeversicherung ansässigen Pflegekassen agieren dabei als wesentliche Instanz: diese schließen Versorgungsverträge mit leistungserbringenden Einheiten, treffen gezielte Leistungs- und Qualitätsvereinbarungen und arbeiten Vergütungsvereinbarungen mit den Trägern der anerkannten Pflegeeinrichtungen sowie weiteren Leistungserbringern in der Pflegebranche aus. Die konkreten Pflegesätze in Euro für die zu erbringenden Pflegeleistungen und Zusatzleistungen sowie die Kostenverrechnungssätze für Unterkunft und Verpflegung bei stationären Einrichtungen [Pflegeheime; Seniorenresidenzen] werden dabei in Kooperation der Kostenträger, Pflegekassen und den Sozialhilfeträgern immer vor Beginn der bevorstehenden Wirtschaftsperiode bestimmt.

Der Leistungsträger empfängt dabei angemessene Entgelte entsprechend der individuell angebotenen Leistungen; die Pflegekassen selbst zahlen leistungsgerechte Vergütungen, so dass Gewinne und Verluste direkt bei der Pflegeeinrichtung verbleiben.

Fokussiert auf das Rahmenwerk des Sozialgesetzbuches XI, finden sich darin organisatorische, strukturelle und finanzielle Bedingungen zum Betreiben von Pflegeheimen. Hinsichtlich der finanziellen Förderung folgen diese landesrechtlichen Bestimmungen und differenzieren zwischen Objekt- und Subjektförderung. Die Objektförderung beinhaltet in Teilen die

Unterstützung bei Neubau- oder Modernisierungskosten eines Pflegeheims, während die Subjektförderung personenbezogene, finanzielle Unterstützung wirtschaftlich schwächer gestellten Pflegeheimbewohner/innen gilt.

Formale Basis für die Erbringung der Pflegeleistungen ist dabei ein gültiger Versorgungsvertrag, der dezidiert Inhalt, Art und Umfang der zu erbringenden allgemeinen Pflegeleistungen seitens der Heimbetreiber festlegt.

Zudem findet eine Sozialgesetzbuch konforme Regelung zur Höhe, Art und Laufzeit des Heimentgelts zwischen Heimbetreibern und Pflegekassen sowie den Trägern der Sozialhilfe als verlängerter Instanz statt.

Im Kern setzt sich das Heimentgelt aus drei elementaren Bestandteilen zusammen:
- Pflegevergütung | Pflegesatz, je nach Pflegestufe differenziert
- Kostenregelung für Unterkunft | Verpflegung
- Entgeltregelungen für Investitionen

Die Pflegevergütung ist dabei bis zum jeweiligen Höchstbetrag der jeweiligen Pflegestufen seitens der zuständigen Pflegekasse garantiert. Darüber hinauslaufende Kostenpositionen sind allerdings seitens der Pflegebedürftigen oder deren direkten Familienangehörigen sicherzustellen.

Wichtig und frühzeitig zu berücksichtigen ist der Umstand, dass Kostenaufwände für Unterkunft und Verpflegung sowie das Entgelt für Investitionen seitens der Pflegebedürftigen und | oder deren Angehörigen

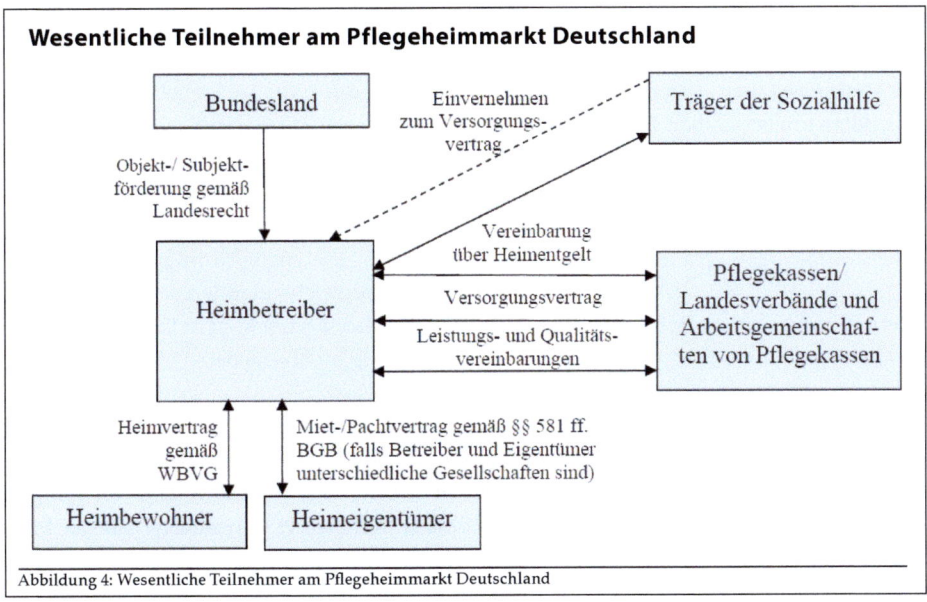

Abbildung 4: Wesentliche Teilnehmer am Pflegeheimmarkt Deutschland

zu tragen sind. Das Investitionsentgelt kann dabei unter Umständen über eine Objekt- oder Subjektförderung – abhängig von der Gesetzeslage im zuständigen Bundesland – zumindest anteilig getragen werden. Die vorangegangene Abbildung verdeutlicht abschließend den Zusammenhang der wesentlichen Teilnehmer am Pflegeheimmarkt unter vertraglichen | rechtlichen Restriktionen. Als wesentlich gelten in dieser Kontextbetrachtung die Heimbetreiber, Heimbewohner, Heimeigentümer, Pflegekassen, Bundesländer in Deutschland sowie punktuell Träger der Sozialhilfe zwecks Sicherung des Versorgungsvertrages.

5.2 Pflegevergütungsregelungen nach SGB XI

Eine wesentliche Säule zur Finanzierung der Leistungserbringung innerhalb der Pflegeversicherung findet sich in der stabilen Pflegevergütungsregelung wieder.

Für eine verlässliche Planbarkeit der Durchführungssicherheit essentiell wichtiger Pflegeleistungen sowie als finanzielle Klarstellung für eine wirtschaftlich sichere Kalkulation seitens der Pflegeheimbetreiber sind gesetzlich fixierte Pflegevergütungssätze unverzichtbar. Eine wesentliche Prämisse liegt dahingehend vor, dass Pflegeheime bei verantwortungsvoller, wirtschaftlicher Betriebsführung ihren Versorgungsauftrag stabil erfüllen können.

Sofern diese gesicherte Betriebsführung gefährdet erscheint oder bereits in der Mehrjahresplanungsrechnung als unzureichend festgestellt wird, besteht die Möglichkeit zur Subventionszahlung für Pflegeheimbetreiber nach SGB Buch XI, verhandelt zwischen den Teilnehmern Heimbetreibern, Pflegekassen und Sozialhilfeträger. Dabei kommt dieser Regelung auch für Pflegebe-

dürftige eine positive Bedeutung zu. Nach dem Grundsatz der Homogenität bei Pflegeleistungen sind an Pflegeheimplätzen Interessierte wirtschaftlich nicht zu übervorteilen und sollen einen dem Pflegeaufwand und -umfang entsprechenden Preis für eine Pflegeleistung zahlen.

Auch wenn im Alltag Pflege eine höchst individuelle, personenabhängige Dienstleistung darstellt, so brauchen Investoren in Pflegeeigentum einen wirkungsvollen Schutzmechanismus vor überhöhten und inhaltlich nicht abzuschätzenden Kauf - | Mietpreise und regelmäßigen Betriebskosten. Eine gesetzliche Normierung im Sinne einer vergleichsorientieren Kaufpreis- | Mietpreisobergrenze ist in Deutschland gegenwärtig nicht gegeben.

Der konkrete Ansatz der Pflegevergütung nach dem Dreistufenmodell zuzüglich individueller Härtefälle in Einzelprüfungsverfahren basiert in der Regel auf der Einschätzung seitens der Pflegekasse. Diese wiederum stützt ihre Bewertungsvornahme auf Gutachten, die die Medizinischen Dienste der Krankenversicherungen der Bundesländer auf Antrag der pflegebedürftigen Person anfertigen.

5.3 Vergütungsregelungen für Unterkunft und Verpflegung

Die Aufwandspositionen – verstanden als Entgelte für Heimunterkunft und Verpflegung - wird unter anderem festgelegt, um Ausgaben für Essen, Reinigung der individuellen Unterkunft sowie gemeinschaftlich genutzten Räume, Energieversorgung sowie Wäschedienste zu kompensieren. Paragraph § 82 Absatz 1 des SGB XI regelt hierzu, dass diese Kosten seitens der Heimbewohner zu tragen sind. Sofern diese für diese Kosten nicht oder lediglich unvollständig finanziell aufkommen können, übernimmt der zugewiesene Sozialhilfeträger die geldliche Differenz.

(PSG II und III) eine Leistungsausweitung für Pflegebedürftige ab 01.01.2017. Paragraph 14 SGB XI regelt dezidiert den Begriff der Pflegebedürftigkeit. Somit sind ab dem genannten Stichtag Beeinträchtigungen der ‚Selbständigkeit' oder ‚Fähigkeitsstörungen' modular in sechs Bereiche unterteilt.

Von zentraler Bedeutung ist dabei, ob die erforderliche Fähigkeit beim Antragsteller noch gegeben ist und inwieweit die damit verbundenen Tätigkeiten selbstständig, teilweise selbstständig oder nur unselbstständig ausgeführt werden können

Somit findet sich auch bei dieser Leistungskomponente eine weitere Verhandlungsbasis zwischen Heimbetreibern und Leistungsträgern. Im positiven Sinne der häufig fach- I themenfremden Pflegebedürftigen im Einklang mit deren dauerhaften Hilfsbedürftigkeit, die sich auf medizinische Versorgung zu konzentrieren hat, agieren die Leistungsträger – in der Regel Krankenkassen – stellvertretend für ihre Leistungsnehmer.

Zum Stichtag des 01. Januar 2017 wird es eine in Teilbestimmungen des Pflegegesetzes nach Sozialgesetzbuch fundamentale Veränderungen geben. So gilt nach dem zweiten und dritten Pflegestärkungsgesetz

Stufe 1
Mobilität
Beispiel: Fortbewegen innerhalb des Wohnbereichs; Treppensteigen.

Stufe 2
Kognitive und kommunikative Fähigkeiten
Beispiel: Örtliche und zeitliche Orientierung.

Stufe 3
Verhaltensweisen und psychischen Problemlagen
Beispiel: Nächtliche Unruhe, selbst schädigendes und autoaggressives Verhalten.

Stufe 4
Selbstversorgung
Beispiel: Körperpflege, Ernährung [Grundpflege].

Stufe 5
Bewältigung von und selbstständiger Umgang mit krankheits- oder therapiebedingten Anforderungen und Belastungen
Beispiel: Medikation, Wundversorgung, Arztbesuche, Therapieeinhaltung.

Stufe 6
Gestaltung des Alltagslebens und sozialer Kontakte
Beispiel: Gestaltung des Tagesablaufs.

6. Grundlagen | Charakteristika der Pflegeheimimmobilien

Zugegebenermaßen haftet der Immobilienklasse der „Pflegeimmobilie" ein zunächst negativ behaftetes Image an. Eine Assoziationskette der Form: ‚Pflege = krank = alt = gesellschaftlich eingeschränkt' findet sich nicht selten bei Personenkreisen, die für sich selbst oder für nahe Familienangehörige einen Pflegeheimplatz suchen und dabei nur wenige Kompromisse eingehen wollen.

Dabei ist die inhaltliche Beschäftigung mit Pflegeimmobilien alles andere als Angst schürend oder gar die gezielte, antizipierte Auseinandersetzung mit dem Älterwerden.

Vielmehr handelt es sich bei der konkreten Beschäftigung mit Pflegeimmobilien um eine verantwortungsvolle Investitionsentscheidung mit zusätzlicher Eigennutzungsoption. Valide Prognosen sagen dem Pflegeheim Markt eine glänzende Zukunft voraus. Aktuell sind rund 13.000 Pflegeheime in Deutschland vorhanden, deren Anzahl sich bis zum Jahr 2050 auf rund 18.000 Einheiten erhöhen wird und somit zu einem signifikanten Anstieg bei Neubauprojekten führen wird, um auf stetig steigende Anzahl an Pflegebedürftigen in Deutschland bis zum Jahr 2050 [Prognoseansatz] zu reagieren (siehe Anlage 8).

Zusätzlich warten annähernd 6.000 Pflegeheime auf eine umfangreiche bauliche, energetische und ergonomische Objektsanierung, die nach erfolgreichem Abschluss

Pflegeheimplätze vehement aufwertet und für altersgerechtes Wohnen sorgt. Insbesondere in der Lebensphase, wenn kurzfristig intensive Betreuung und Pflege erforderlich werden, die im eigenen Zuhause nicht mehr unter zumutbaren Umständen erbracht werden können, besteht schneller Handlungsbedarf beim Pflegenden und unmittelbaren Familienangehörigen.

Dabei ist das Pflegeheim nicht die einzige Möglichkeit, eine passable Wohnform für das Alter zu erlangen.

Für pflegebedürftige Menschen bieten sich folgende Alternativen zum Pflegeheim an, die nachfolgend vorgestellt werden:

- Betreute Wohngemeinschaften
- Wohnen im Mehrgenerationenhaus
- Betreutes Wohnen
- Wohnstifte | Seniorenresidenzen
- Seniorenwohngemeinschaften
- Sonderform der Betreuung: Demenz-Wohngemeinschaften

6.1 Definitionsansatz Pflegeheim

Innerhalb dieses Fachbeitrages steht das ‚Pflegeheim' im Zentrum der Betrachtung, so dass eine Kurzcharakteristik dieser Immobilienklasse sinnvoll erscheint.

Per se handelt es sich bei einem Pflegeheim um eine Einrichtung für alte, chronisch Erkrankte, gebrechliche und behinderte Menschen, die eine Wohnunterkunft in Verbindung mit Vollverpflegungsleistungen und persönlicher, medizinischer Betreuung sowie Pflegedienstleistungen zu empfangen beabsichtigen.

Die wesentliche Zielsetzung des Dienstleistungsangebotes lautet, Pflege regelmäßig zu gewährleisten mit der Maßgabe, den allgemeinen Gesundheitszustand der älteren, pflegebedürftigen Menschen möglichst zu verbessern.

Somit finden innerhalb der Pflegeheimeinrichtungen Beschäftigungstherapien statt, um die körperliche, geistige und soziale Fähigkeit der Bewohner mindestens zu erhalten, idealerweise aber verlorene Kompetenzen und Fertigkeiten anteilig zu reaktivieren.

Ein Pflegeheim zählt zu den Einrichtungsformen, in denen Pflegebedürftige unter ständiger Verantwortung ausgebildeter Pflegefachkräfte gepflegt werden und sich entweder ganztägig (vollstationär), tagsüber oder nur nachts (teilstationär) untergebracht verpflegen können.

Der Personenkreis der Pflegebedürftigen ist dabei zu beschreiben als Inanspruchnahmen, die wegen einer körperlichen, geistigen oder seelischen Krankheit beziehungsweise Behinderung für gewöhnliche, regelmäßig wiederkehrende Verrichtungen im Tagesablauf auf Dauer - voraussichtlich aber für mindestens sechs Monate - in erheblichem oder höherem Maße auf fremde Unterstützung angewiesen sind.

Dabei sind neben rein pflegebedürftigen, älteren Menschen in Altenpflegeinrichtungen auch behinderte, pflegebedürftige in Einrichtungen der Behindertenhilfe versorgt, wobei der eindeutige Anteil (> 90%) dem Bereich der Altenpflegeheimen zuzuschreiben ist.

Dem Pflegeheim kommt dabei eine Sonderrolle zu und wird dabei wegen der grundsätzlichen sozialen Funktion unter anderem als Sozialimmobilie kategorisiert. Zudem hat die Einstufung als sogenannte Betreiberimmobilie Gültigkeit, da ein wirtschaftlicher Nutzen des Einrichtungsbetreibers im Wesentlichen aus der Sozialimmobilie erlangt wird.

Das Gebäude selbst stellt dabei den betrieblichen Produktionsfaktor dar; die Leistungserbringung seitens des Betreibers beruht auf dem Prinzip der Erzeugung eines personenorientierten Zusatznutzens.
Die innerhalb eines Pflegeheimes erbrachten Leistungen werden allgemein in voll-

und teilstationäre Pflege differenziert. Zur vollstationären Pflege zählt dabei unter anderem Kurzzeitpflege, die eintritt, wenn eine (teil)stationäre Pflege temporär nicht möglich ist.

Nicht zur Immobilienkategorie der Pflegeheime zählen indes Einrichtungen der Behindertenhilfe, Rehabilitationskliniken sowie Krankenhäuser und auch stationäre Einrichtungen. Hier werden Leistungen zur medizinischen Vorsorge aktiv erfolgt, um zur Teilnahme am Arbeitsleben, am Leben innerhalb einer Gemeinschaft, der schulischen Ausbildung und/oder der Erziehung erkrankter Personen zu animieren.

Noch enger umfasst, grenzt sich das Pflegeheim zudem ab von reinen Wohnformen für Senioren, die sich wiederum in Seniorenwohnimmobilien [Seniorengerechte Wohnungen, Mehrgenerationenhäuser sowie Einrichtungen des Betreuten Wohnens] und -pflegeimmobilien unterscheiden.

Derartige Seniorenwohnimmobilien richten sich primär an ältere Personenkreise, die noch weitgehend alleine imstande sind, ihre Lebensführung in Eigenregie auszurichten. Komponenten der Pflegedienstleistungen können dabei zusätzlich in Anspruch genommen werden. Seniorenwohnimmobilien fallen rechtlich betrachtet nicht unter den Regelungsumfang des (Landes) Heimgesetzes (HeimG). Relevant sind vielmehr Ausführungen zum Mietrecht nach dem Bürgerlichen Gesetzbuch (BGB).

Aus baulicher Sicht bedeutet dieses Detail, dass keine besonderen Auflagen hinsichtlich der Bauweise, Wohnungsausstattung sowie hinsichtlich des benötigten Pflegepersonaleinsatzes zu erfüllen sind. Sinnvollerweise gestalten sich seniorengerechte Wohnungen im Allgemeinen barrierefrei und werden analog anderer Wohnräume zunächst ohne obligatorisches Dienstleistungsangebot auf der Basis eines Mietvertrags überlassen.

Bei der Wohnform des Mehrgenerationenhauses indes leben jüngere und ältere Menschen gemeinsam in einer Art Wohngemeinschaft zusammen und übernehmen gegenseitige Hilfsdienste. Im Pflegefall stehen konkret benannte Mitbewohner/innen oder ambulante Dienste zur Verfügung, um Pflegeunterstützung zu leisten.

Eine weitere Wohnform findet sich im sogenannten Betreuten Wohnen wieder, die sich auch von der ihrer rechtlichen Grundlage her von reinen Pflegeheimen unterscheidet.

So schließen Betreiber von Pflegeheimen in Deutschland in der Regel einen offiziellen Heimvertrag mit Pflegebedürftigen ab, der dem Wohn- und Betreuungsvertragsgesetz (WBVG) unterliegt. Vermieter von Einrichtungen des Betreuten Wohnens hingegen verhandeln und schließen einen Miet- und Betreuungsvertrag mit den Bewohnern ab. Dieser reglementiert, dass Mieter zunächst nur für Grundleistungen wie die Bereitstellung von Notrufdiensten oder individuelle Beratung durch persönliche Betreuer finanzielle Entschädigung zu entrichten haben. Für Pflegeheimbewohner entstehen dahingehend Verpflichtungen, als dass diese auf Basis des mit dem Betreiber oder Träger der Pflegeeinrichtung geschlossenen Heimvertrages die Abnahme definierter Verpflegungs- und Betreuungsleistungen fixieren.

Seit Einführung der Pflegeversicherung wurden viele Altenheimplätze in Pflegeplätze umdeklariert, die sich in staatlicher (städtischer), kirchlicher oder privater Trägerschaft befinden können. Zu erwähnen ist hierbei, dass nach dem Pflegeversicherungsgesetz das Bewohnen eines Pflegeheimplatzes nicht zwingend eine Pflegebedürftigkeit impliziert. Ältere Menschen, die trotz eines familiären Betreuungskonzeptes und ambulanter Leistungserbringung kein eigenständiges Leben im eigenen Wohnraum sicherstellen können, sind häufig über eine 24 Stunden Vollversorgung in einem Pflegeheim professionell medizinisch betreut.

Um ein frühzeitiges Wohlfühlambiente in der neuen Lebensumgebung sicherzustellen, stellen sich stationäre Pflegeeinrichtungen zunehmend breit auf und richten mitunter auch Pflegeplätze in Wohngruppen ein, um die Pflegenden möglichst lange zu aktiven Rollen im Pflegeheimumfeld zu animieren.

Ein Leben im höheren Alter in familienähnlichen Strukturen gelten dabei als zunehmend akzeptiert und nehmen dabei psychologische Hemmnisse, die ein Wohnen in einem fremden Umfeld mit unbekannten Menschen in nächster Nähe entstehen lassen. Dabei besteht die Möglichkeit, Raumausstattungen mit eigenen Möbeln vorzunehmen, die Privatsphäre unter Nutzung eigener Badräumlichkeiten aufrechtzuerhalten und in Einzelabsprache mit dem Heimbetreiber unter Umständen Haustiere in die Pflegeeinrichtung einzubringen.

Ausführungen im deutschen Heimgesetz regeln zudem eindeutig, dass Pflegeheime die Persönlichkeitsrechte der Bewohner in keiner Form verletzen dürfen. Dieser Schutzgedanke findet Ausdruck in dem Umstand, dass die Heime der staatlichen Heimaufsicht unterliegen.

6.2 Betreute Wohngemeinschaften

Die Wohnform der betreuten Wohngruppen eignet sich unter anderem für Menschen mit regelmäßigem Hilfe- und Pflegebedarf, die sich ein eigenverantwortliches Leben nicht mehr zutrauen und bevorzugt in persönlicher Nähe zu Dritten leben. Dabei besteht der Anspruch, weiterhin möglichst selbstständig leben zu können. Eine so geartete Form des Wohnens im Stile einer freien Wohngemeinschaft für Pflegebedürftige bis hin zu fest etablierten Pflegewohngruppen beziehungsweise Wohngemeinschaften mit angebundener professioneller Betreuung findet in Deutschland zunehmend Akzeptanz. Nicht zuletzt sind es nahe Familienangehörige, die dem Wohnbetreuungskonzept sehr positiv gegenüber aufgeschlossen sind. Sie wähnen ihre zu pflegenden Familienmitglieder in guten Händen, ohne das zugleich eine negative Wahrnehmung zum Wohnumfeld aufkommt. Der Leitgedanke hierbei lautet, ein möglichst unauffälliges Wohnambiente zu schaffen.

Die Gemeinschaftsform der Wohngruppen zeichnet sich dadurch aus, dass Kleingruppen bis acht pflegebedürftige Personen in einer barrierefrei gestalteten Wohnung oder einem Haus zusammenleben. Unterstützungsbedarf erfolgt dabei für Erledigungen im Haushalt, Essen kochen, Arztbesuche und Behördengänge sowie auch für Freizeitgestaltungen über ein geschultes, individuelles Betreuungsteam. Die Pflegeleistungen selbst erfolgen häufig in ambulanter Form vor Ort in der Wohngruppe.

Das Wohnkonzept orientiert sich am Grundgedanken frei gestalteter Wohngemeinschaften. Jeder Mitbewohner zahlt anteilig Mietzins für die Nutzung der Wohnräumlichkeiten, die zudem auch gemeinschaftlich genutzt und geteilt werden [Küche; Bäder; Garten oder Balkon].

Diese Freiheitsgrade zeigen sich dabei nicht nur in der Individualität der Zimmerausstattung eines jeden Wohngruppenbewohners, sondern formal auch bei der Auswahl der Pflegedienste und Regelungen im täglichen Miteinander der Bewohner. Es gelten nicht definierte Anwendungsbestimmungen des in Deutschland gültigen Heimgesetzes. Gleichwohl bildet die Pflegeversicherung hierfür einen wichtigen Finanzierungsrahmen. Ähnlich der Betreuung in offiziellen Pflegeeinrichtungen gelten Leistungsumfänge der Pflegeversicherung. So können Anbieter dieser Wohngruppeneinheiten regelmäßige Aufwendungen für Miete, gemeinschaftlich notwendiges Haushaltsgeld sowie für Betreuungen den einzelnen Bewohnern bzw. deren vertretungsberechtigten Familienangehörigen direkt in Rechnung stellen; alternativ können auch individuell erbrachte Pflegekosten direkt in Gesamtabrechnung integriert werden.

Auch fällige Investitionskosten, wie sie im Pflegeheim für die baulich anspruchsvolle Errichtung sowie den laufenden Unterhalt der Betriebskosten entstehen, bleiben zunächst planbarer. Angesichts einer zunehmenden Verknappung verfügbaren Wohnraumes in infrastrukturell attraktiv erschlossenen Einzugsgebieten, entsteht durchaus die Schwierigkeit, ein Objekt für die Errichtung einer Wohngruppen Gemeinschaft zu erlangen.

Zudem sind objektbezogene Spezialanforderung an eine Mindestgröße und -ausstattung [mehrere Einzelzimmer, mehrere Bäder, großzügige Gemeinschaftsräume, Balkon oder Terrasse, Garten, Kellerabstellräume, Aufzug] von hoher Entscheidungsbedeutung bei der finalen Wohnraumbestimmung. Hier sind zunehmend Spezialanbieter dieser Immobilienklasse und auch professionelle Vermittlungspartner mit hoher Marktfachexpertise unverzichtbar geworden, die Empfehlungen aussprechen und geeignete Objekte grundsätzlich offerieren können. Dieses Kompetenz kann auch über ein Fachportal abgebildet werden, welches als Marktplatz gezielt validierte Investitionsobjekte darstellt (Beispiel: http://www.marktplatz-pflegeimmobilie.de).

Zusammenfassend gelten folgende Argumente für eine Funktionsfähigkeit in betreuten Wohngemeinschaften:

- Weitgehend selbstständiges Wohnen in einer selbst- | mitgestalteten Wohneinheit, auch bei Pflegebedürftigkeit
- Gemeinschaftsräume zum gesellschaftlichen Austausch in Wohneinheiten vorhanden
- Hilfe- und Pflegeleistungen sind individuell wählbar
- Mitbewohner Konstellation kann demokratisch bestimmt werden
- Wohngemeinschaft bildet sich idealerweise im vertrauten Umfeld der Mitbewohner, sofern geeignetes Wohnobjekt beschafft werden kann
- Ambulante Pflegeunterstützung wie Hausnotruf buchbar

6.3 Mehrgenerationshaus

Das Wohnprinzip innerhalb der Mehrgenerationshäuser folgt dem Grundsatz generationsübergreifender Begegnungen auf freiwilliger Basis. Speziell die jüngeren Bewohner in Mehrgenerationshäusern übernehmen dabei Verantwortung für die Älteren, sichern alltagserleichternde Zustände und sorgen für eine verlässliche Regelpflege und Notfallunterstützung. Dabei ist in dieser Wohnform keine familiäre Bindung zwingende Voraussetzung: auch familienfremd funktioniert dieses Wohnprinzip.

Den älteren Bewohnern kommen hierbei durchaus wichtige gesellschaftliche Funktionen zu. Sie sind aufgrund ihrer Lebenserfahrung und zunehmender Gelassenheit imstande, Kindern, Familien und Alleinerziehenden innerhalb des Mehrgenerationenhauses aktiv Unterstützung zu bieten und wirken dabei sozio-strukturell gegen zunehmende Vereinsamungstendenzen innerhalb der Gesellschaft mit ein.

Eine offene Lebenskultur ist dabei charakteristisch für das Zusammenleben innerhalb der Mehrgenerationen Einrichtungen. Im Sinne eines Wohnprojektes unterscheidet sich die Wohnkonstellation hinsichtlich ihrer personellen Zusammensetzung und Anlass der Projektinitiative, dem Ausmaß der Selbstverwaltung sowie dem Umfang der erforderlichen professionellen Hilfe. Vergleichbar mit der Wohnform der betreuten Wohngemeinschaften verbleiben auch hier wesentliche Entscheidungen in den Händen der Bewohner. Die Wohnprojekte werden seitens der Bewohner selbstständig initiiert, geplant und auch finanziell abgesichert.

Zusammenfassend gelten folgende Argumente für eine Funktionsfähigkeit des Zusammenlebens in Mehrgenerationshäusern:

- Hohe Bedeutung sozialer Kontakte der Bewohner untereinander
- Weitgehend selbstbestimmtes Leben bis ins erhöhte Alter
- Selbstorganisierte Gemeinschaftswohnprojekte für Senioren | Familien | Paare sowie Alleinstehende/-erziehende
- Im Idealfall eigenständiges Wohnen bis zum Lebensende in vertrautem, persönlichen Umfeld – selbst bei eingeschränkter Mobilität
- Hohe Sicherheit und zweckmäßige Unterstützung durch Mitglieder der Wohngemeinschaft

6.4 Betreutes Wohnen

Ein weiteres Wohnkonzept repräsentiert das betreute Wohnen, das sich auch unter dem Begriff des ‚Servicewohnens' wiederfindet. Bereits seit gut 30 Jahren am Markt anzutreffen, galt und gilt die Prämisse, einen eigenen Wohnstandard zu halten und diesen situationsbezogen mit typischen Versorgungsleistungen eines Alten- und Pflegeheimes zu kombinieren.

Das betreute Wohnen stellt eine Wohnform für Menschen dar, die ihr Leben und ihre tägliche Haushaltsführung weitgehend eigenständig führen, zugleich aber ein sicheres Umfeld mit vertrauten Strukturen vorfinden möchten. Auch wenn die ursprüngliche eigene Wohneinheit aufgegeben wird, so bleibt ein hoher Lebenskomfort innerhalb einer betreuten Wohnung bestehen, wenn professionelle Betreuungs- und Serviceleistungen die Wohn- und Lebensform deutlich verbessern. Dabei ist diese Art des Wohnens nicht nur exklusiv für ältere Menschen vorgesehen. Auch psychisch Erkrankte, geistig und körperlich Behinderte oder betreuungsintensive Jugendliche, die unter der Beaufsichtigung von Sozialarbeitern, Psychologen, Erziehern oder Therapeuten stehen, sind weitere Zielgruppen für die Wohnform. Die grundsätzliche Möglichkeit, einen eigenen Haushalt zu führen, wird punktuell durch ausgewählte Serviceleistungen gegen Bezahlung ergänzt. So werden häufig Verpflegungs-, Reinigungs- und Betreuungsdienste hinzugewählt. Im Direktvergleich mit Pflegeheimeinrichtungen unterscheidet sich das betreute Wohnen im Wesentlichen hinsichtlich der formal rechtlichen Anlehnung an das Heimgesetz (HeimG). Dieses juristische Rahmenwerk gilt für das Betreute Wohnkonzept nur unter bestimmten Voraussetzungen.

Bewohner innerhalb des hier vorgestellten Wohnkonzeptes verfügen in der Regel über separate Verträge, um ihre Wohnsituation zu konkretisieren. In der Rolle eines Mieters oder Käufers wird ein entsprechender Mietvertrag über das Wohnobjekt geführt beziehungsweise der Wohnraum zur Eigennutzung verwendet; für die Inanspruchnahme der Serviceleistungen ist hingegen ein separater Betreuungsvertrag erforderlich.

Das Dienstleistungsangebot besteht in der Regel aus zwei Komponenten: dem Grundservice [Feste Sprechzeiten der Betreuungskräfte, 24 Stunden Hausnotruf, Freizeitangebote, Hausmeisterservice], der meist pauschal abgerechnet wird sowie zusätzlichen Wahlleistungen [Reinigungsdienst, Wäschedienst, Einkaufshilfe, Fahrservice, Holservice, Bringservice, Essen auf Rädern, Therapien, ambulante Pflege] die je nach Bedarf einsetzbar sind und somit auch individuell zu bezahlen sind.

6.5 Wohnstifte und Seniorenresidenzen

Wohnstifte und Seniorenresidenzen zeichnen sich aus durch einen hotelähnlichen Charakter, welche in der Regel sehr umfassende Dienstleistungspakete mit anbieten. Durchaus exklusiv gestaltet sich dabei der Mikrostandort: die Bewohner derartiger Wohnobjekte erwarten baulich hochwertige, hochpreisige Wohnungseinheiten in präferierten Lagen.

Es handelt sich um barrierefreie Wohnungen oder Apartments, die eine autarke Wohnform problemlos zulassen. Als Träger derartiger Einrichtungen fungieren verschiedene Organisationen: neben einer rein privaten Trägerschaft (Residenz) agieren Stiftungen oder auch eingetragene Vereine (Wohnstift).

Als betreutes Wohnen klassifiziert, finden sich hier in sich abgeschlossene, altersgerechte Wohneinheiten wieder. Der hotelbetriebsähnliche Charakter wird deutlich beim Blick auf vielfältige Nebenflächen und Dienstleistungsangebote [Restaurant; Café; Schwimmbad; Gymnastikraum; Fitnessstudio; Sauna; Friseur; Kiosk; Bibliothek], die wahlweise in Anspruch genommen werden können und direkt trägerseitig erbracht werden.

Hinsichtlich einer Pflegedienstleistung beruht der konzeptionelle Ansatz dieser Wohnform darauf, so viel individuelle Pflege wie möglich in den eigenen Räumlichkeiten zu erbringen. Nur dort, wo zwingend bestimmte bauliche | räumliche Ausstattungen für Therapien erforderlich sind, weichen Pflegepersonal und Pflegebedürftiger in Gemeinschaftsräumlichkeiten des Wohnkomplexes aus.

Die Leistungsintensität der Pflegedienstleistung innerhalb der Wohnstifte und Seniorenresidenzen findet zudem Ausdruck in der 24-Stunden Bereitschaft examinierter Pflegekräfte. Einige Wohnstifte und Seniorenresidenzen bieten auch Tagespflege an, insbesondere in den Häusern, wo der Anteil an Demenzkranken unter den Bewohnern einen signifikanten Anteil erreicht.

Ein hohes Sicherheitsverständnis für die Bewohner wird geregelt über videoüberwachte Hauseingänge sowie permanenter Anwesenheit geschulter Rezeptionsmitarbeiter und dem Einsatz von Wach- und Schließgesellschaften.

Abrechnungsorientiert zwischen Leistungsempfänger/-erbringer gilt grundsätzlich, dass die Wohneinrichtung einen Versorgungsvertrag mit der Pflegekasse schließt, um die angebotenen Pflegeleistungen als regelmäßige Auftragsleistung sicherstellen zu können. Die Leistungsabrechnung erfolgt dann direkt mit der Pflegekasse.

Zu berücksichtigen ist, dass ausgewählte Wohnstifte und Seniorenresidenzen Bewohner nicht mehr aufnehmen, wenn diese bereits einen Grad der Pflegebedürftigkeit erlangt haben. Liegt jedoch eine verbindliche Anmeldung vor oder ist eine sogenannte Anwartschaft erworben, so kann die Aufnahme nicht verweigert werden. Positiv absichernd wirken auch sogenannte ‚Bevorzugte Belegungsrechte', die seitens ausgewählter Wohneinrichtungen erteilt werden.

Als zentrale Grundleistungen bei Wohnstiften und Seniorenresidenzen gelten die nachstehend Dargestellten:

- Wohneinheit als Wohnung | Apartment inklusive aller Nebenkosten
- Bereitstellung einer Notrufanlage
- Bereitstellung regelmäßiger Mahlzeiten
- Bereitstellung freier Telefongespräche innerhalb des Hauses
- Regelmäßige Wohnungsreinigung
- Ausgewählte hauswirtschaftliche und sozialbetreuende Leistungen
- Angebote an kulturellen und gesellschaftlichen Veranstaltungen im Haus oder
- auch als externe Veranstaltung
- 24 Stunden besetzter Empfang und Bereitschaft der Haustechnik
- Nutzung der Gemeinschaftseinrichtungen
- Pflege im Apartment bei vorübergehender Erkrankung

Diese Art der Wohneinrichtungen unterliegt dem Heimgesetz, so dass in der Regel ein individueller Heimvertrag vereinbart wird und die Bewohner der Einrichtungen den Verordnungen des Heimgesetzes schützend unterstellt sind.

Sehr vorteilhaft im Pflegeleistungsfall erweist sich dann, dass auch ausgewählte Leistungen aus der Pflegeversicherung für stationäre Behandlungen gezahlt werden: ein Privileg, das anderen betreuten Wohnformen so nicht zugebilligt wird und dort auf rein ambulante Leistungen reduziert ist.

Die Begriffsbestimmungen ‚Wohnstifte' und ‚Seniorenresidenzen' unterliegen keinen markenschutzrechtlichen Bestimmungen und sind ebenso wenig an gesetzlich fixierten Mindeststandards ausgerichtet. Die in den jeweiligen Häusern angebotenen und tatsächlich erbrachten Leistungsstandards sind somit nach Eigeneinschätzung oder über vergleichsbildende Qualitätsmerkmale vorzunehmen.

Zusammenfassend gelten folgende Argumente für eine Funktionsfähigkeit der Wohnstifte und Seniorenresidenzen:

- Selbstständiges Wohnen in einer individuell bedarfsgerecht ausgestatteten und eingerichteten Wohnung I Apartment gehobenen Standards
- Wohnanlage mit diversen Ergänzungsräumlichkeiten zur gemeinschaftlichen Nutzung (Bibliothek, Café, Restaurant, Sauna, Schwimmbad)
- Umfangreiches, solides Grundleistungspaket mit individuellen Ergänzungsmöglichkeiten
- Bereitstellung eines Hausnotrufes
- Examinierte Pflegekräfte sind täglich 24 Stunden erreichbar
- Hohes Angebot an anspruchsvollem Kultur- und Unterhaltungsprogramm
- Pflegebedürftigkeit führt nicht zum Ausschluss aus dem Wohnkonzept
- Dienstleistungen werden von einem Träger erbracht und dort koordiniert

6.6 Seniorenwohngemeinschaft

Bei dieser Wohnform besteht die Grundidee darin, dass sich ältere Menschen ihren Tagesablauf weitgehend selbstständig gestalten und dabei mit anderen Bewohnern ähnlicher Lebenssituationen eine offene Wohngemeinschaft bilden. Gegen eine potentielle Vereinsamung agierend führt ein gemeinschaftlich geführter Haushalt auch zu reduzierten Ausgaben der Bewohner, wenn gemeinsam nutzbare Anschaffungen zur Verfügung stehen. Insbesondere unter Berücksichtigung der starken Verknappung verfügbaren Wohnraumes in infrastrukturell attraktiven Wohnlagen in Kombination mit einer stetig steigenden Nachfrage nach Single Wohnungen I Kleinapartments repräsentiert dieser Wohngemeinschaftsgedanke ein zunehmend wertvolles Wohnkonzept mit hoher Zukunftssicherheit.

Durchaus vergleichbar mit einer studentischen Wohngemeinschaft begnügen sich die Bewohner mit wenig individueller Wohnfläche und teilen ihre hohe Bereitschaft, viel über Gemeinschaftlichkeit zu leben. Diese Kompromissbereitschaft zeigt sich in der Mitnutzung der Bäder, der Küche und der Aufenthaltsräume, so dass die eigenen Rückzugsmöglichkeiten in der Regel auf das eigene Zimmer innerhalb der Wohngemeinschaft beschränkt sind.

Da sich die Bewohner nicht zwingend kennen oder gar eine familiäre Verbindung zueinander aufweisen, gilt eine harmonisierte Wohngemeinschaft als fundamentale Basis für ein friedliches, bereicherndes Miteinander. Gesellschaftsförderlich sind speziell in derartigen Wohnformen die Wahrnehmung diverser Aktivitäten innerhalb [Kochen, Gartenpflege, Haustierbetreuung] und außerhalb [Kulturelle Veranstaltungen, Restaurantbesuche, Tagesausflüge] der Wohngemeinschaft selbst.

Kommt es zur Pflegebedürftigkeit einer oder mehrerer Bewohner, so besteht die Möglichkeit, dass andere, gesunde Mitbewohner eine teilweise häusliche Pflege übernehmen und I oder ambulante Dienstleistungen anderer Wohlfahrtsverbände oder Privatanbieter beauftragen. Alternativ werden derartige Wohngemeinschaften auch mit einer bedienungsfreundlichen Hausnotrufanlage ausgestattet. Zur Beschäftigung einer ambulanten Pflege besteht im Rahmen der Finanzierung eine unkomplizierte Kostenverteilung auf die in Anspruch nehmender Bewohner, um den stundenweisen Einsatz einer Pflegekraft zu sichern.

Folgende Vorzüge einer Senioren-Wohngemeinschaft sind als Wesentlich zu benennen:

- Problemlose Integrationsfähigkeit in bestehende Wohnumfeld Strukturen
- Wohnraumausstattung und Regeltagesabläufe entsprechen in vielerlei Hinsicht denen eines normalen Privathaushaltes
- Beteiligungsmöglichkeit der Bewohner an gewünschten Aktivitäten innerhalb und außerhalb der Räumlichkeiten der Wohngemeinschaft
- Hohe Einflussnahme der Bewohner auf Ausgestaltung ambulanter Pflegedienstleistungen im Alltag
- Eintretende Pflegebedürftigkeit gefährdet nicht den weiteren Verbleib innerhalb der Wohngemeinschaft

6.7 Dementen-Wohngemeinschaft

Als letzte Variante einer Alternative zum Pflegeheim stellt sich für speziell Erkrankte eine sogenannte Dementen Wohngemeinschaft dar. Menschen, die unter einer Demenzerkrankung leiden, können in der Regel nicht mehr allein zu Hause leben und sich somit kaum mehr eigenverantwortlich selbst versorgen. Sie sind demnach nahezu

24 Stunden am Tag potentiell zu betreuen. Ein Wohnmodell findet sich in der hier beschriebenen Form der Wohngemeinschaft – speziell für Demenzerkrankte – wieder. Wohngruppengrößen von 6 bis 12 Personen in einem gemeinsamen Haushalt sind dabei vorstellbar.

Sehr vergleichbar mit der Senioren Wohngemeinschaft, verfügt auch jeder demente Bewohner über ein individuelles Zimmer als wichtigen, persönlich gestalteten Rückzugsort; gemeinschaftlich genutzt werden hingegen Räumlichkeiten wie Küche, Wohnzimmer und Bäder.

Die regelmäßigen Pflegeaufgaben und Betreuungen der Bewohner übernehmen meist ambulante Pflegedienste, die für diese Betreuungsgruppe in der Regel auch 24 Stunden erreichbar sind. Nicht selten übernehmen auch direkte Familienangehörige verantwortungsvolle Rollen innerhalb der Betreuungsarbeit. Sie sind es, die die zu Betreuenden über einen langen Lebenszeitraum begleiteten und daher deren Eigenarten, Verhaltensweisen und Prinzipien gut einzuschätzen wissen.

Zeitintensive Beschäftigungen [Singen; Basteln; Gesellschaftsspiele; Spaziergänge] stehen bei der Betreuung innerhalb einer Dementen-Wohngemeinschaft im Zentrum der Arbeit mit den Patienten. So finden regelmäßige Begleitungen bei Einkäufen statt; auch werden willige Bewohner bei der Teilbewältigung ihrer Hausarbeiten [Kochen; Waschen; Aufräumen; Reinigen] unterstützt.

Formal differenzieren sich eindeutig Vermietung der Räumlichkeiten innerhalb der Dementen-Wohngemeinschaften und Inanspruchnahme der Pflege Dienstleistungen.

Jeder zu Betreuende respektive deren gesetzliche Vertreter schließen Individualverträge mit dem Wohnungseigentümer I der Vermietungsgesellschaft ab. Der involvierte Pflegedienst fungiert somit bewusst nicht als Betreiber dieser Wohngemeinschaft, sondern erfüllt im Rahmen der Leistungsbestellung erforderliche Pflege- und Betreuungsarbeiten in ambulanter Art im Auftrag der Gemeinschaft.

Einen Sonderfall bildet die exklusive Rolle der Pflegedienste als Alleindienstleister einer Dementen-Wohngemeinschaft: hier agiert der Pflegedienst als vertraglich verbindlicher Betreiber. In dieser Konstellation ändert sich unmittelbar auch die gesetzliche Bemessungsgrundlage. Aus der reinen Mieter-Vermieter-Relation mit angeschlossener ambulanter Pflege wird ein ‚Mini-Heim' auf Basis des Heimgesetz in Deutschland.

Somit entstehen automatisch konkret zu erfüllende Anforderungen hinsichtlich der Bauweise des Mini-Heimes, dessen Wohnraumausgestaltung und Flächen und Betreuungsschlüssel als Personalthema. Die Finanzierungsbasis für derartige Wohnformen basieren auf SGB XI Regelungen sozialrechtlicher Art. Primäre Zahlungsträger sind Kranken- und Pflegekassen, die Pflege- und Betreuungsleistungen – abhängig vom festgestellten Pflegegrad – sichern.

Folgende positive Eigenschaften einer Dementen-Wohngemeinschaft sind als Wesentlich zu benennen:

- Integrationsansatz in ein normales Wohnumfeld
- Ausstattung der Einzel- und Gemeinschaftsräume innerhalb der Wohneinheit analog in einem normalen Privathaushalt
- Optionen der Beteiligung pflegewilliger und -fähiger Angehöriger mit hoher psychischer Belastungsfähigkeit
- Bewohner sollen so weit wie möglich an Aktivitäten innerhalb und außerhalb der Wohngemeinschaft beteiligt werden
- Hohe Einflussnahme der Bewohner auf die Auswahl und Leistungsdefinition bei eingesetzten ambulanten Pflegediensten
- 24 Stunden Betreuungssicherheit

Zweifelsfrei ist die potentielle Einschränkung einer Dementen-Wohngemeinschaft an dieser Stelle anzuführen. Bei zunehmender Pflegeschwierigkeit bis hin zum Zustand einer Schwerstpflegebedürftigkeit ist ein Umzug in eine stationäre Einrichtung unvermeidbar.

6.8 Ambulante Therapiestationen

Von zunehmender Bedeutung im Betrachtungszusammenhang mit ambulanten Hilfsdiensten der Pflege- und Krankenkassen fallen auch Suchtbehandlungen. Dabei sind betroffene Personen verschiedenartiger Suchtlagen aus allen Altersklassen anzutreffen. Bereits Jugendliche, die unkontrollierten Medienkonsum erleben, gehören bereits einer therapiefähigen Patientengruppe an.

Bekannte Abhängigkeitsphänomene betreffen dabei primär erhöhten Konsum alkoholischer Getränke, Einnahme ausgewählter Medikamente mit und ohne Rezeptverpflichtung und insbesondere ohne regelmäßige ärztliche Überwachung. Aber auch gestörtes Essverhalten mit Auswirkungen auf anormales Über- oder Untergewicht [Adipositas; Magersucht] oder auch Spielsucht gelten als Therapie erforderlich und führen zu einer erhöhten Nachfrage nach professioneller fachärztlicher Begleitung und entsprechenden Behandlungseinrichtungen.

Die bereits kurzfristig eintretende Prognose lautet hierzu, dass sowohl Pflegekassen als auch Krankenkassen ausreichend Beratungsstellen und betreute Therapiezentren flächendeckend einrichten werden, um diesem hier skizzierten gesellschaftlichen Phänomen angemessen und nicht verspätet zu begegnen. Weitere wichtige Funktionen innerhalb der Pflegedienstleistungen betreffen zudem die Sterbebegleitung. Dabei gilt es, nicht nur den unmittelbar Betroffenen ein menschenwürdiges Leben zu ermöglichen, sondern auch unmittelbar involvierte Familienangehörige in diese emotional und psychisch erheblich anspannende Lebensphase zu integrieren. Für eine derartige Aufgabe sind intensiv und weitsichtig geschulte Expert/Innen als interdisziplinäres Team [Betreuer/in, Arzt/Ärztin, Seelsorger/in, Krankenschwester) zwingend einzusetzen, um Sterbenden und ihre Angehörigen würdig zur Seite zu stehen.

Als weiteres, in den letzten Jahren verstärkt aufgetretenes Handlungsfeld betrifft den betreuenden Umgang bei Patienten mit geriatrischen Erkrankungen. Dabei handelt es sich gezielt um komplexe Krankheitsbilder Betroffener im hohen Lebensalter. So gelten Rehabilitationsmaßnahmen nach Schlaganfällen, Arthrosen mit erheblichen negativen Auswirkungen auf die Bewegungsfähigkeit der Patienten oder auch neurologische Lähmungserscheinungen – als Sonderausprägung im Zusammenhang mit dem Krankheitsbild der Demenz – als lang andauernd Therapie erforderlich.

Alle dargestellten Therapiezustände sorgen unweigerlich dafür, dass auch hierzu Behandlungslösungen ambulanter und zunehmend auch langfristiger stationärer Art relevant werden.

In Verbindung mit einer zunehmenden Altersstruktur innerhalb der Gesellschaft in Deutschland sind hier konkrete Bedarfssituationen zu bedienen, die neben rein medizinischer Ausrichtung gleichwohl auch angemessene Räumlichkeiten für Therapiebehandlungen und Therapieaufenthalte zwingend erforderlich machen.

7. Pflegeheim Betreiber Status

Hinsichtlich der Betreiberprinzipien bei Pflegeimmobilien gilt es zunächst, den Status der Betreiber zu charakterisieren.

Hinsichtlich der Betreiberprinzipien bei Pflegeimmobilien gilt es zunächst, den Status der Betreiber zu charakterisieren. So differenzieren sich folgende Betreiberarten im dienstleistungsorientierten Pflege Immobilienbestand: etwas mehr als die Hälfte der Pflegeheime in Deutschland werden frei gemeinnützig betrieben, weitere knapp 40% sind in privater Betreiberhand und ein geringen Rest Marktanteil unter 10% ist öffentlichen Betreibern zugewiesen. Über alle Pflegeheime hinweg dominieren zu rund 75% Einrichtungen mit einer Anzahl von rund 60 Betten den Pflegemarkt Deutschland.

Folgende Betreiberstruktur ist gegenwärtig in Deutschland vorzufinden, chronologisch geordnet nach der Anzahl der Pflegeplätze [Datenstand Jahr 2015]:

Die 30 größten Pflegeheimträger 2015 in Deutschland
nach Anzahl der Pflegeplätze — ein Projekt der pm pflegemarkt.com GmbH

Position	Unternehmen	Trend	Vorjahr	Firmensitz	Anzahl Heime	Anzahl Plätze
1	KORIAN Gruppe	→	1	München	220	24.484
2	Victor's Bau + Wert AG (Pro Seniore)	→	2	Berlin	103	12.540
3	Alloheim Senioren-Residenzen GmbH	↗	6	Düsseldorf	123	12.091
4	Silver Care Holding GmbH / ORPEA SE	↑	11	München	123	10.845
5	Kursana Residenzen GmbH	↘	4	Berlin	93	9.118
6	Johanniter Seniorenhäuser GmbH	↘	5	Berlin	91	7.730
7	Vitanas GmbH & Co. KGaA	→	7	Berlin	51	7.650
8	Arbeiterwohlfahrt Bezirksverband Westliches Westfalen e. V.	→	8	Dortmund	60	7.186
9	Azurit-Hansa-Gruppe	↗	13	Eisenberg	72	7.105
10	Evangelische Heimstiftung GmbH	↘	9	Stuttgart	84	6.609
11	Marseille-Kliniken AG	↘	10	Hamburg	52	6.401
12	CURA Kurkliniken Seniorenwohn- und Pflegeheime GmbH	→	12	Berlin	49	5.508
13	DOMICIL Senioren-Residenzen Hamburg SE	↗	15	Hamburg	29	3.384
14	K & S – Dr. Krantz Sozialbau und Betreuung SE & Co. KG	↗	16	Sottrum	28	3.368
15	Ev. Johanneswerk e.V.	↗	17	Bielefeld	31	3.283
16	HVVG Heimverwaltungs- und Vermietungsgesellschaft mbH	↗	18	Halstenbek	19	3.277
17	Arbeiter-Samariter-Bund Landesverband Baden-Württemberg e. V.	↗	19	Stuttgart	55	3.122
18	Unternehmensgruppe Burchard Führer GmbH	↗	20	Dessau-Roßlau	36	3.033
19	Sozialservice-Gesellschaft des Bayerischen Roten Kreuzes GmbH	↗	21	München	26	3.019
20	DPUW Deutsche Pflege und Wohnstift GmbH	↗	22	Berlin	17	2.738
21	Arbeiterwohlfahrt Landesverband Saarland e.V.	↗	23	Saarbrücken	28	2.701
22	Evangelisches Perthes-Werk e.V.	↗	24	Münster	28	2.541
23	Marienhaus Holding GmbH	↗	25	Waldbreitbach	29	2.480
24	compassio GmbH & Co. KG	↗	26	Ulm	22	2.476
25	Arbeiter-Samariter-Bund Sachsen e. V.	↗	27	Dresden	29	2.430
26	AGAPLESION gAG	↗	29	Frankfurt / Main	24	2.271
27	AWO Landesverband Thüringen e.V.	↗	30	Erfurt	32	2.264
28	MÜNCHENSTIFT GmbH	↗	neu	München	9	2.164
29	Saarländischer Schwesternverband e.V.	↗	neu	Ottweiler	18	2.136
30	gemeinnützige ProCurand GmbH & Co. KGaA	↗	neu	Berlin	23	2.102

Abbildung 5: Top 30 Pflegeheimbetreiber 2015 in Deutschland
https://www.pflegemarkt.com/2015/12/18/transaktionen-im-vierten-quartal-sorgen-fuer-viel-bewegung-im-betreiber-ranking-%C2%96-die-liste-der-groessten-pflegeheimtraeger-2015//, Abruf 26.01.2017

Pflegeimmobilie als zukunftssicheres Investment

Dabei ist nicht zu verschweigen, dass auch große Betreibergesellschaften von Unternehmensinsolvenzen betroffen sein können. Auch wenn das Leistungserbringungsprinzip seitens der Betreiber von staatlichen Rahmenbedingungen fundamentiert ist, so entscheidet letztlich immer noch kaufmännisch professionelle Betriebsführung über Erfolg oder Misserfolg einer Pflegeeinrichtung.

Speziell bei der Planungsrechnung der zu erwirtschaftenden Pachthöhe beim Betreiber liegen durchaus Kalkulationsrisiken hinsichtlich der tatsächlichen Auslastungsquote der Pflegeheime sowie auch der real eintretenden laufenden Betriebskosten, gerade bei Einrichtungen mit technisch aufwändigen Installationen [Schwimmbad; Therapieräume; Hohe Ausstattung an Medizintechnik].

7.1 Rahmenbedingungen für Pflegeheim Projekte

Bevor ein Pflegeheim in Deutschland final eröffnet werden kann und den Tagesbetrieb mit dem zugesicherten Pflegeleistungsspektrum aufnimmt, sind diesem Moment viele Vorüberlegungen und Projektrealisierungsideen vorausgegangen.

Dabei gelten die nachstehenden Startbedingungen als elementar, um ein Pflegeprojekt professionell vorzubereiten. Für eine konkrete Nutzung ist sehr frühzeitig ein Standort zu wählen und baureif herzurichten. Dafür braucht es ebenso kurzfristig eine Finanzierungsklarheit und konkrete Kapitalbereitstellung, die sich aus verschiedenen Quellen bedienen kann. Zudem muss im Rahmen der Projektidee deutlich werden, dass der Nutzungszweck auf das Betreiben einer Pflegeeinrichtung festgelegt wird.

Eine diesbezügliche Projektentwicklung im engeren Sinne soll an dieser Stelle skizziert werden und dabei wesentliche Arbeitsphasen von der Initiierung bis hin zur Detailentscheidungsfindung bei der Projektdurchführung selbst reichen.

In vorangegangenen Ausführungen wurde bereits die Rolle des Trader-Developer vorgestellt. Diesem fällt die Aufgabe zu, eine tiefgründige Mikro- und Makro- Standortanalyse vorzunehmen, ein potentiell interessantes und nutzungskonformes Grundstück zu sichern und in weiteren Phasen ein betreiberrelevantes Nutzungskonzept mit konkreten Ausführungen zu Inhalten des Pachtvertrages [Terminfertigstellungsstufen; Kosten-Erlös Rechnungen] und der regelmäßigen Leistungsumfänge zu erstellen.

Belegbare Aussagen zur Wirtschaftlichkeit sind dabei nicht für den teilweise mitfinanzierenden Projektentwickler von hoher Bedeutung. Auch der Betreiber selbst sowie alle Endinvestoren in Teileigentum innerhalb des Pflegeheimes müssen die Möglichkeit eingeräumt bekommen, ihre Investitionsbereitschaft an konkreten, Rendite orientierten Kriterien ausrichten und eine Einschätzung zur Beständigkeit des Projektes ‚Pflegeheim' über die reine Initialisierungsphase hinaus vornehmen zu können.

Dabei spielen Analysen zum Standort eine höchst wichtige Rolle, nicht zuletzt dadurch bedingt, dass diese Auswahlkriterien nicht veränderlich sind. Lediglich Rahmenbedingungen eines Standortes sind potentiell positiv oder negativ einflussnehmend. Der Kernstandort für die Errichtung des Pflegeheimes ist aber einzigartig in seiner Beschaffenheit und wegen der Nichtreproduzierbarkeit und wegen der Nicht-Transportfähigkeit von immenser Bedeutung in der Festlegung weiterer Projektaktivitäten.

Ein fokussierter Ansatz über mögliche Wertsteigerungen – auch im gewerblichen Immobilien Nutzungsumfeld – greift hierbei eindeutig zu kurz. Zweifelsfrei dienen Marktpreisvergleiche als Hinweisgeber zur Attraktivität eines Standortes und somit – in verlängerter Argumentation – auch auf potentiell erzielbare Grundstückspreise sowie Miet-/Pachteinnahmen.

Speziell bei einer Sonderimmobilie, wie es das Pflegeheim darstellt, sind aber Langfristprognosen und demografische Einflussparameter fundierter Art in Kombination mit mehrdimensionalen Korrelationsbezügen nahezu unverzichtbar.

Der Begriff der ökonomischen Nachhaltigkeit, speziell im Sinne einer langfristig stabilen Wohlfahrtsökonomik, ist für alle Projektbeteiligte hierbei wesentlich.

Für die konkrete Standortanalyse werden zwei Ansätze gewählt.

Der Makrostandort charakterisiert sich insbesondere über Konstellationen innerhalb der regionalen Strukturen in Ländern, Städten, Regionen, Kommunen oder Gemeinden und beziehen bestimmbare sozio-ökonomische Daten wie die Wirtschafts-, Bevölkerungs- und Sozialstruktur, gegebene Infrastrukturen, generelles Investitionsklima am Standort sowie nicht zuletzt die rechtliche und wirtschaftspolitische Situation des Einzugsgebiets ein.

Im Einzelnen sind hierbei stichtagsbezogen oder auch mehrperiodisch angelegte Erhebungen ausgewählter Kriterien (Panel Untersuchung) vorzunehmen. Diese können sich beziehen auf:

- Qualitative Lagebedeutung des Standortes (Zentralitätsbegriff im regionalen Kontext)
- Verkehrsinfrastruktur verschiedener Verkehrsträger
- Kaufkraft der ansässigen Bevölkerung
- Regionale Fördermaßnahmen
- Umfang und Geltungsbestimmungen des Landesheimgesetzes
- Personalverfügbarkeit und Entlohnungsniveau in der Betrachtungsregion
- Absolute Einwohnerzahl sowie Bevöl-

kerungsentwicklung, separiert nach Altersklassen und Bildungsniveau
- Bevölkerungsstruktur
- Bereits bestehende Pflegeheime (Anzahl | Standard | Ausstattung | Größe | Qualitätsniveau | Nachfragesituation nach Kapazitäten)
- Geplante und bereits baulich angemeldete Neubauprojekte zu Pflegeeinrichtungen in der Region

Gerade bei der Betrachtung und Einschätzung von Pflegeheimen spielt der Aspekt der sozialen Standortqualität eine wichtige Rolle.

Dabei handelt es sich um den Faktor der Erreichbarkeit der Pflegeeinrichtung für die Pflegenden selbst, aber auch für Besucher und Familienangehörige, die regelmäßig die Pflegeeinrichtung aufzusuchen beabsichtigen; gleichwohl für das Pflegepersonal, welches aufgrund gegebener Wechselschichten zu nahezu jeder Tages- und Nachtzeit einen zumutbaren Arbeitsanreise und –abreiseweg vorfinden möchte.

Die Einwohnerzahl der übrigen Bevölkerung am Standort des Pflegeheimes beeinflusst auch die Attraktivität und wird im Zusammenhang mit regionalspezifischen Infrastruktureinrichtungen betrachtet.

So werden beispielsweise erst ab einer Mindestansiedlungsgröße in Gemeinden bestimmte Infrastrukturzustände (Schwimmbad; Bibliothek; Feuerwehr; Arztpraxen; Personenbeförderung; Einkaufszentrum) geschaffen, die der Bevölkerung zu Gute kommen und demnach auch Teil der Standorteigenschaften repräsentieren. Kleinstädte mit mehr als 12.500 Einwohnern gelten im statistischen Mittel als attraktiv für ein potentielles Investitionsengagement. Dabei wird der potentielle Bedarf an Pflegeheimplätzen auch mit an der vorliegenden Bevölkerungsstruktur, dem Anteil der Einpersonenhaushalte, der Wohneigentumsquote sowie dem Potential an häuslicher Pflege [Personen mit Lebensalter > 65 Jahre] ausgerichtet.

Als nicht zu vernachlässigende Unterscheidung sind hier noch ländliche und städtische Gebiete gegenüberzustellen, da tendenziell ein geringeres familiäres Pflegepotential in Städten zu konstatieren ist.

Neben der Makrostandort Betrachtung verdient die Mikrostandort Analyse eine ebenfalls hohe Aufmerksamkeit. Inhaltlich werden hier das ausgewählte, zu bebauende Grundstück und dessen unmittelbare Umgebung auf Nutzungstauglichkeit für das Projektvorhaben zur Errichtung und Betreiben eines Pflegeheimes hin untersucht. Der Begriff des Mikrostandorts umfasst inhaltlich das zu bebauende Grundstück sowie dessen direkte, nähere Umgebung.

Zu den wesentlichen, Analyse relevanten Merkmalen bei der Beurteilung eines Mikrostandorts für die Ansiedlung eines Pflegeheims zählen insbesondere:

- Anbindung an den öffentlichen Personennahverkehr, Zufahrtsstraßen, Parkplätze sowie Fuß-und Radwege

- Nähe zu infrastrukturellen Einrichtungen
- Image und Erscheinungsbild des direkten Wohnumfeldes
- Sicherheitsgefühl innerhalb des Wohnumfeldes
- Bedingungen | bauliche Voraussetzungen des Baurechts sowie der Raumplanung
- Topographie | Bodenbeschaffenheit des zu verwendenden Grundstücks.

Dabei charakterisiert sich ein Pflegeheim, das vollständig oder vorwiegend von öffentlichen Verkehrsmitteln abhängt, als nicht optimal hinsichtlich einer betriebswirtschaftlich akzeptierten, gesicherten Belegungsquote. Auch in der An- und Abreise für Mitarbeiter/Innen sowie regelmäßige Besucher ist das tendenziell weniger attraktiv.

Als positiv einwirkend gelten vorhandene, nutzungsspezifische Einrichtungen wie Cafés, Restaurants, Apotheken und Einkaufsmöglichkeiten. Als etablierter Richtwert gilt hierbei die Verfügbarkeit von sechs Einrichtungen in einem fußläufigen Entfernungsradius von maximal 500 Metern.

Zusätzlich belebend wirken Angebote an öffentlich zugänglichen Bereichen wie Cafés, Bibliotheken oder individuelle Geschäfte innerhalb eines Pflegeheimes, um darüber auch die Kommunikation und Gemeinschaft der Heimbewohner untereinander sowie eine soziale Lebensgemeinschaft zu fördern. Aus Sicht der Projektentwickler/-partner sind zum Mikrostandort noch weitere Rahmenbedingungen zu verifizieren. So stellen öffentlich-rechtliche Auflagen in Form des Planungs- und Bauordnungsrechts eine zentrale Startbedingung dar, um einzuschätzen, welche baulichen Ausführungen möglich sind. Hierunter fallen unter anderem die Bauleitplanung in Kombination mit dem Flächennutzungs-, Rahmen- und Bebauungsplan, Bodenordnung, städtebauliche Sanierungs- und Entwicklungsmaßnahmen, Stadtumbaumaßnahmen, städtebauliche Verträge sowie Auflagen des Umwelt- und Denkmalschutzes für Umbauobjekte im Bestand.

Hinsichtlich der Topographie | Bodenbeschaffenheit des zu bebauenden Grundstücks sind Konstruktionsmängeln vorzubeugen. So sind statisch geprüfte und für unbedenklich eingestufte Tragfähigkeitskennzahlen wesentlich; zudem sollte sich Grundwasserstand unterhalb geplanter Kellergeschosse befinden. Eine Altlastenfreiheit ist ebenso von wertbestimmendem Einfluss.

Haustechnische Versorgungen [Wasser; Strom; Gas; Fernwärme] sowie zu installierende oder zu sanierende Abwasseranlagen fallen ebenfalls in eine zwingende Begutachtung hinein.

Ein möglichst ebenes Grundstück sorgt dafür, dass insbesondere ältere und gehbehinderte Menschen keine unüberwindbaren, räumlichen und baulichen Barrieren vorfinden.

Aus ökologischer Perspektive heraus gilt ein Mikrostandort als nachhaltig ausgeprägt, wenn eine Balance der erforderlichen Oberflächenversiegelung des Baugrundstücks gegeben ist. Dieses liegt vor, wenn keine zusätzlichen Flächen für die Realisierung des Bau- oder Sanierungsvorhabens umgewandelt werden müssen. Alternativ wirkt auch ein Flächenrecycling ein, wenn brachliegende Flächenareale [Industrieflächen; Militärgebiete bei Kasernen] eine Nutzungsaufwertung erfahren.

Weitere Nachhaltigkeitskriterien umschließen: positive Ausprägungen zu Umweltrisiken, keine Hochwassergefahr, keine erhöhte Bodenerosion und die Vermeidung extremer Wetterlagen in regelmäßigen Zyklen. Zudem ist eine räumliche Nähe zu Müllverbrennungsanlagen, Müllhalden, Abwasserkanälen, lärmenden Produktionsbetrieben sowie weitere, Abgas ausstoßende Anlagen zu vermeiden.

Professionelle Markt- und Standortanalysen für die hier vorgestellte Anlageklasse der Pflegeimmobilien sind somit unverzichtbar. Eine immobilienbasierte Investition braucht gegenwärtig eine fundamentale Einschätzung, die idealerweise objektiv von Anbietern stammt, die keinen originären Anreiz verspüren, im Zuge einer Immobilientransaktion eine wesentliche Rolle zu spielen und an derartigen Geschäftsabschlüssen direkt monetär zu partizipieren.

Zweifelsfrei ist auf Investorenseite gewisse Skepsis gegeben: nicht selten werden hohe eigene oder fremd finanzierte Kapitalwerte über längerfristige Zeiträume eingesetzt, wobei die latente Gefahr eines Leerstandes oder einer den Marktpreis negativ beeinflussenden Wettbewerbslage vorliegen.

Somit fördert eine derartige Analyse gewissenhafte Entscheidungsprinzipien. Stärken, Schwächen, Chancen und Risiken der betrachteten Immobilie werden betont und können einem Belastungstest gegenüber alternativen Investment Engagements standhalten.

7.2 Markt für Pflegeheime in Deutschland

Die Marktverteilung für Anbieter und Nachfrager im Pflegeheim Segment ist stark geprägt von einer detailliert vorbereiteten, bedarfsgerechten Konzeption zur Erstellung, Einrichtung und dauerhaften Nutzung der Pflegeräumlichkeiten für zu pflegende Personenkreise. Ergänzend wirkt eine hohe Anzahl an formalen, in der Regel gesetzlich geprägten Rahmenbedingungen ein und fordert zugleich professionelle Pflegeheimbetreiber zu nachweislicher Kompetenz in der betriebswirtschaftlichen und pflegerischen Führung einer derartigen Einrichtung.

Der Pflegeheimmarkt in Deutschland fokussiert – nicht zuletzt aufgrund der sehr besonderen Verwendungsart der Sonderimmobilie Pflegeeinrichtung – auf regelmäßige Untersuchungen zu Trends und Tendenzen hinsichtlich der konkreten Nachfrage- und Angebotsentwicklung. Daraus leiten sich Potentialabschätzungen zu Marktchancen ab.

Nachfrager bezüglich stationärer Pflegeheimplätze fundieren grundsätzlich auf einem individuellen Dienstleistungsvertrag zwischen Pflegeheimbewohner und Pflegeheimbetreiber.

Das Leistungsspektrum seitens des Betreibers beziehungsweise über diese initiierten Drittanbieter richtet sich bei der stationären Pflege aus an der Anzahl in der Pflegeeinrichtung versorgten Pflegebedürftigen. Die quantitative Entwicklung der Nachfrage nach stationärer Pflege ist von einer Vielzahl determinierender Merkmale [Demografischer Wandel mit Bezug zum Mikro- / Makrostandort; zunehmende Lebenserwartung; verbesserte Medizintechnik; Entwicklungen bei pharmazeutischen Produkten] abhängig, die wiederum punktuell in rechtliche und regulatorische Rahmenbedingungen eingebunden sind.

Durch eine stetige Abnahme der familiennahen Pflege, in der Kinder Pflegedienstleistungen für ihre Eltern oder Schwiegereltern vornehmen, findet zugleich ein Nachfrageanstieg nach Pflegedienstleistungen durch Dritte statt. Ergänzend nimmt der Anteil an Einpersonenhaushalten zu, was ebenso Auswirkungen auf die Nachfrage nach Pflegeplätzen mit sich führt, da es an einem Lebenspartner mangelt, der eine individuelle Pflege unterstützen könnte.

Je nach Pflegefall/-intensität können Pflegebedürftige nicht im ursprünglichen Wohnumfeld bleiben, sondern benötigen eine veränderte, räumliche Wohnsituation – unter Umständen kombiniert mit einem jederzeit direkt erreichbaren Pflegedienst –, die barrierefreies Leben ermöglicht.

7.3 Entwicklung der Nachfrage nach Pflegeleistungen

Um Zusammenhänge im Kontext komplexer Rahmenbedingungen im Pflegemarkt Deutschland gezielter zu erfassen, illustrieren die nachstehenden Abbildungen Ist-Situationen zum Betrachtungszeitpunkt Ende des Jahres 2013. Die darin repräsentierten Datenergebnisse basieren auf Erhebungen, die beim Statistischen Bundesamt (Destatis) in Wiesbaden zusammengeführt wurden.

Dabei sind bewusst die Perspektiven der Pflegeeinrichtungen und deren Personal sowie Pflegebedürftige respektiert.
Im Einzelnen sind folgende Darstellungen zusammengestellt:
- Pflegebedürftige in Deutschland (nach Versorgungsart)
- Pflegequote nach Altersgruppen
- Pflegebedürftige bis zum Jahr 2050 (Prognoseansatz)
- Zeitreihendarstellung zu Pflegeheimen und ambulanten Pflegediensten
- Zeitreihendarstellung zu Pflegeangeboten
- Zeitreihendarstellung zu durchschnittlichen Vergütungen in Pflegeheimen
- Zeitreihendarstellung zu Personal in Pflegeeinrichtungen
- Zeitreihendarstellung Pflegebedürftiger in Deutschland
- (nach Versorgungsart)
- Zeitreihendarstellung Pflegebedürftiger in Deutschland
- (nach Anzahl und Quote)

Pflegebedürftige in Deutschland

EIN ÜBERBLICK

Pflegebedürftige in Deutschland [nach Versorgungsart] 2013 in %

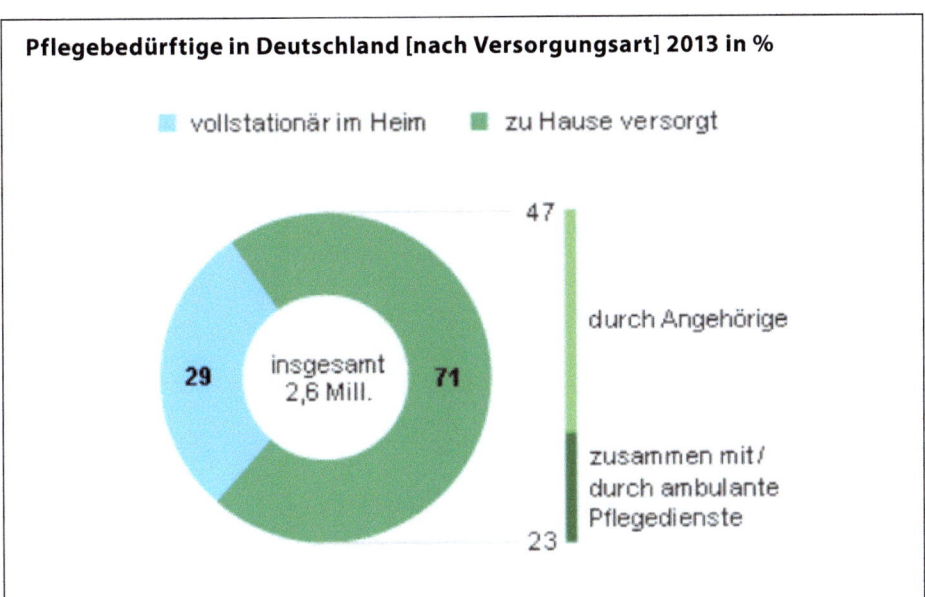

Pflegebedürftige nach Versorgungsart, Geschlecht und Pflegestufe 2013

Pflege	Pflegebedürftige		Pflegestufe			Bisher ohne Zuordnung	Anteil an Pflegebedürftigen insgesamt
	insgesamt	darunter weiblich	I	II	III[1]		
	Anzahl		%				
Insgesamt	2 626 206	64,6	55,8	31,9	11,8	0,5	100,0
Pflegebedürftige zu Hause versorgt	1 861 775	61,3	63,1	28,7	8,2	-	70,9
davon							
allein durch Angehörige[2]	1 245 929	58,4	66,0	26,9	7,1	-	47,4
zusammen mit/durch ambulante(n) Pflegedienste(n)	615 846	67,2	57,1	32,3	10,5	-	23,5
Pflegebedürftige vollstationär in Heimen	764 431	72,7	38,1	39,6	20,6	1,8	29,1

[1] Einschließlich Härtefälle.
[2] Entspricht den Empfängern/Empfängerinnen von ausschließlich Pflegegeld nach § 37 SGB XI.
Empfänger/-innen von Kombinationsleistungen nach § 38 SGB XI sind dagegen in den ambulanten Pflegediensten enthalten.

- = Nichts vorhanden.

Abbildung 6: Pflegebedürftige in Deutschland [nach Versorgungsart] im Jahr 2013

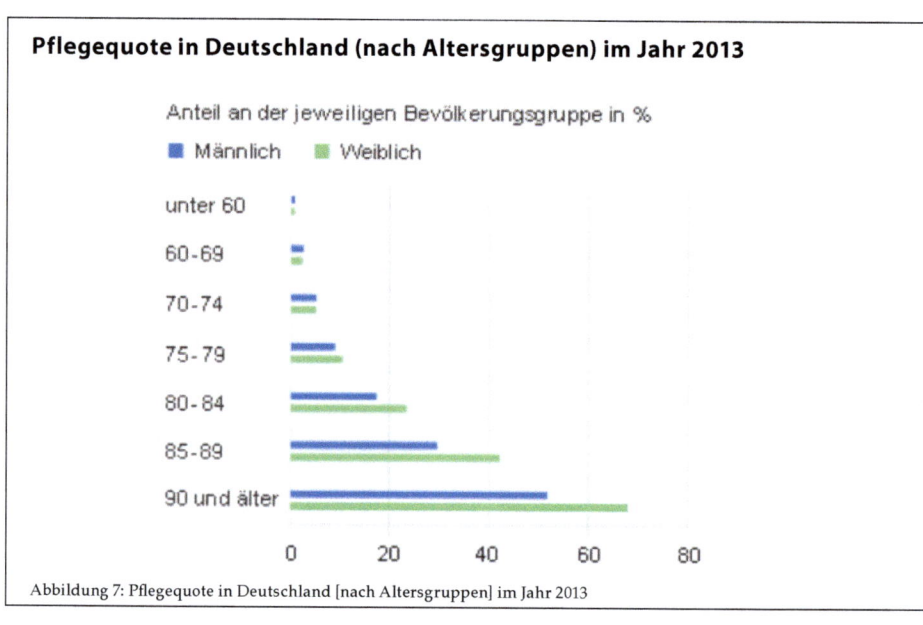

Abbildung 7: Pflegequote in Deutschland [nach Altersgruppen] im Jahr 2013

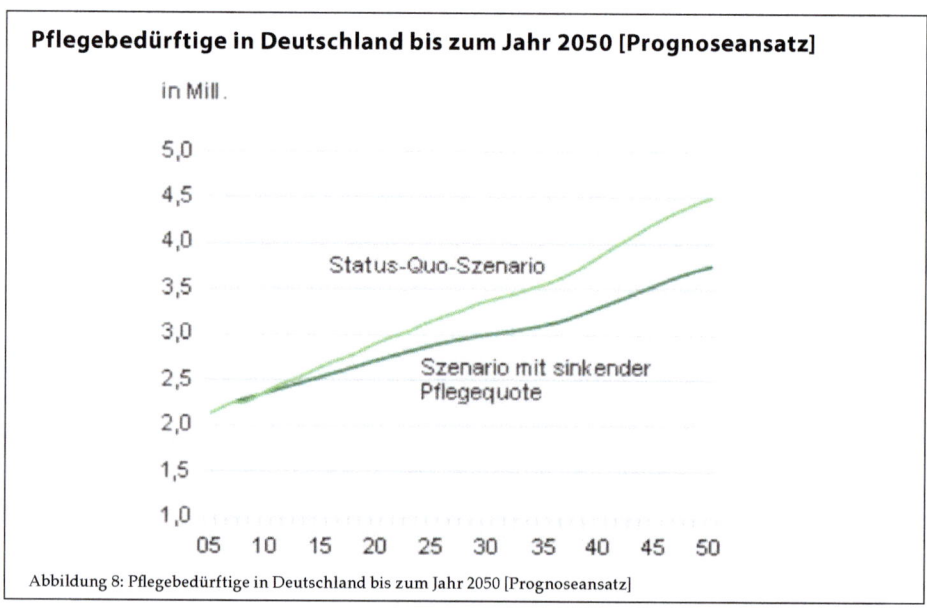

Abbildung 8: Pflegebedürftige in Deutschland bis zum Jahr 2050 [Prognoseansatz]

Zeitreihendarstellung zu Pflegeheimen und ambulanten Pflegediensten

Pflegeeinrichtungen

Pflegeheime und ambulante Pflegedienste[1]

Merkmal	2005	2007	2009	2011	2013
Pflegeheime	10 424	11 029	11 634	12 354	13 030
darunter mit vollstationärer Dauerpflege	9 414	9 919	10 384	10 706	10 949
Ambulante Pflegedienste	10 977	11 529	12 026	12 349	12 745

[1] Stichtag 15.12.

Abbildung 9: Anzahl Pflegeheime und ambulante Pflegedienste in Deutschland [Jahre 2005 bis 2013]

Zeitreihendarstellung zu Pflegeangeboten

Pflegeheime (Anzahl). Gliederungsmerkmal: Jahre, Deutschland, Pflegeangebot, Träger, Kapazitätsgrößenklassen

Diese Tabelle bezieht sich auf:
Träger der Pflegeeinrichtung: Träger insgesamt, **Kapazitätsgrößenklassen**: Alle Kapazitätsgrößenklassen

Pflegeangebot	Jahr (absteigend)							
	1999	2001	2003	2005	2007	2009	2011	2013
Pflegeangebote insgesamt	8.859	9.165	9.743	10.424	11.029	11.634	12.354	13.030
Dauer- und Kurzzeitpflege und Tagespflege und/oder Nachtpflege	348	334	389	328	343	399	392	377
nur Dauer- und Kurzzeitpflege	943	774	852	854	879	904	1.019	1.042
nur Dauerpflege und Tagespflege und/oder Nachtpflege	408	496	496	603	672	729	818	915
nur Kurzzeitpflege und Tagespflege und/oder Nachtpflege	85	92	82	67	56	49	36	28
nur Tages- und Nachtpflege	14	12	10	7	11	7	16	15
nur Dauerpflege	6.374	6.727	7.038	7.629	8.025	8.352	8.477	8.615
nur Kurzzeitpflege	245	236	280	280	279	236	227	224
nur Tagespflege	441	493	595	655	763	957	1.368	1.814
nur Nachtpflege	1	1	1	1	1	1	1	-

Abbildung 10: Anzahl Pflegeheime nach Pflegeangeboten in Deutschland [Jahre 1999 bis 2013]

Zeitreihendarstellung zu durchschnittlichen Vergütungen in Pflegeheimen

Pro Persond und Tag in Euro. Gliederungsmerkmale: Jahre, Deutschland, Pflegeklasse/Unterkunft und Verpflegung, Leistungsart der Pflegeeinrichtung, Pflegeangebot, Träger

Diese Tabelle bezieht sich auf:
Art der Vergütung (**Pflegegrößenklassen**): Pflegesatz der Pflegeklasse 1, **Träger der Pflegeeinrichtung**: Träger insgesamt, **Pflegeangebot**:

Leistungsart der Pflegeeinrichtung	Jahr (absteigend)							
	1999	2001	2003	2005	2007	2009	2011	2013
vollstationäre Dauerpflege	38,00	39,00	41,00	42,00	43,00	44,79	45,03	46,51
vollstationäre Kurzzeitpflege	48,00	48,00	49,00	48,00	49,00	50,04	49,54	50,91
teilstationäre Tagespflege	34,00	34,00	35,00	36,00	35,00	34,78	34,79	35,66
teilstationäre Nachtpflege	41,00	26,00	26,00	33,00	34,00	28,69	35,45	39,66

Abbildung 11: Durchschnittliche Vergütungen in EURO in Pflegeheimen in Deutschland nach Leistungsart [Jahre 1999 bis 2013]

Zeitreihendarstellung zu Personal in Pflegeeinrichtungen

Personal in Pflegeheimen und ambulanten Pflegediensten[1]

Merkmal	2005	2007	2009	2011	2013
In Pflegeheimen	546 397	573 545	621 392	661 179	685 447
darunter vollzeitbeschäftigtes Personal	208 201	202 764	207 126	212 416	203 715
In ambulanten Pflegediensten	214 307	236 162	268 891	290 714	320 077
darunter vollzeitbeschäftigtes Personal	56 354	62 405	71 964	79 755	85 866

Zeitreihendarstellung Pflegebedürftiger in Deutschland (nach Versorgungsart)

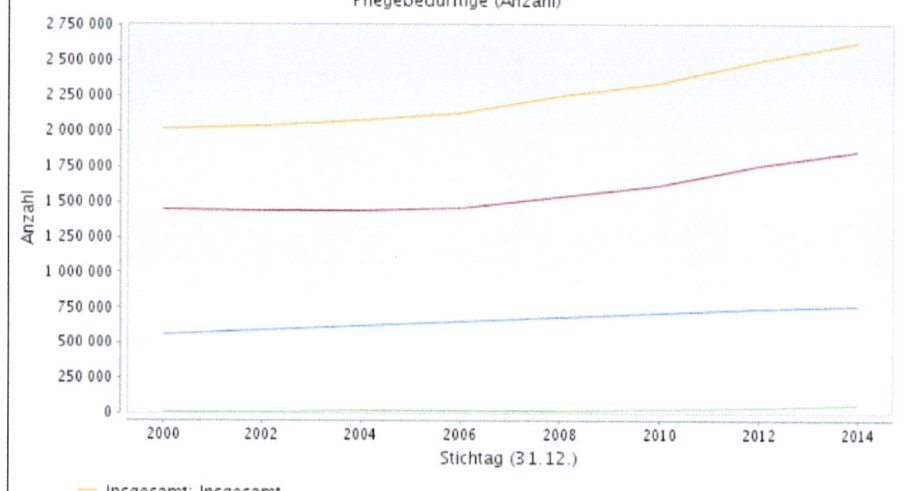

Zeitreihendarstellung Pflegebedürftiger in Deutschland (nach Anzahl und Quote)

Pflegebedürftige (Anzahl und Quote). Gliederungsmerkmale: Jahre, Region, Alter, Geschlecht

Diese Tabelle bezieht sich auf:
Region: Deutschland info, **Geschlecht:** Beide Geschlechter

Pflegebedürftige, Jahr (aufsteigend)		Alter				
		Alle Altersgruppen	Unter 75 Jahre	75 bis unter 85 Jahre	85 bis unter 90 Jahre	90 Jahre und älter
Pflegebedürftige absolut	1999	2.016.091	703.543	576.470	436.921	299.157
	2001	2.039.780	696.467	623.309	391.296	328.708
	2003	2.076.935	697.724	714.212	309.601	355.398
	2005	2.128.550	700.079	730.667	333.741	364.063
	2007	2.246.829	729.284	742.184	447.304	328.057
	2009 info	2.338.252 [1]	748.669 [1]	767.052 [1]	509.382 [1]	313.149 [1]
	2011	2.501.441	775.653	821.876	522.001	381.911
	2013	2.626.206	803.803	863.733	538.799	419.871
Pflegequote info	1999	2,5	0,9	13,9	38,4	60,2
	2001	2,5	0,9	13,7	39,5	59,7
	2003	2,5	0,9	14,3	39,9	59,4
	2005	2,6	0,9	14,0	36,3	60,2
	2007	2,7	1,0	14,2	37,2	61,6
	2009 info	2,9 [1]	1,0 [1]	14,2 [1]	38,0 [1]	59,1 [1]
	2011	3,1	1,1	14,3	38,8	64,9
	2013	3,3	1,1	13,9	38,2	63,9

7.4 Prognosen zur Anzahl Pflegebedürftiger in Deutschland

Die bereits mittelfristig zu erwartende, gesicherte Nachfrage nach Pflegeplätzen wird dominiert von einer demografischen Entwicklung, die sich in Richtung einer überproportionalen Entwicklung der älteren Bevölkerung in Relation zur übrigen Bevölkerungszunahme darstellt. Insbesondere innerhalb des Teilsegmentes der Älteren in der Altersstufe von 80 Lebensjahren und älter liegt eine enorme Nachfrage nach stationärer Pflege vor.

Vorsichtige Prognosen verweisen für das Jahr 2050 auf einen Anteil von rund 10 Millionen Menschen, die in dieser Altersklasse liegen werden. Flankiert wird dieser beständige Trend in der langfristigen Betrachtung dahingehend, dass zunehmend Singlehaushalte auch im höheren Alter keine familiäre Pflegeunterstützung in Anspruch nehmen können, sondern auf Pflegedienstleistungen Dritter angewiesen sein werden.

Statistische Erhebungen und regional bezogene Vorhersagen zum Demografie Phänomen in Deutschland nehmen an, dass bis zum Jahr 2020 die Zahl der Pflegebedürftigen auf rund 2,9 Millionen Personen ansteigt: weitere 0,5 Millionen Menschen sind es, die voraussichtlich bis zum Jahr 2030 hinzukommen.

Für das Jahr 2050 gelten Annahmen, dass die Gesamtanzahl der pflegebedürftigen Älteren bis auf 4,5 Millionen Einzelpersonen ansteigen kann, wobei gegenwärtig einsetzende demografische Bevölkerungsveränderungen durch Migrationsbewegungen hierin noch nicht eingerechnet sind.

Zu unpräzise und wenig valide fielen aber Differenzierungen nach den Versorgungsformen aus [stationär; teilstationär; ambulant; familienorientiert], so dass diese nicht vorgenommen werden.

Für ein vollständiges Erhebungsbild reichen rein quantitative Daten allein nicht aus, um die Nachfragesituation nach einer stationären Pflege zu skizzieren. Von hoher Bedeutung sind zweifelsfrei auch qualitative Ansätze, um erfassen zu können, welche Krankheitsbilder und Lebensstile wiederholt messbare Einflüsse auf Nachfragen aufweisen, da diese sich in konkreten Anforderungen an Pflegeeinrichtungen wiederfinden.

Die innerhalb dieses Fachbeitrages skizzierte Reform der Pflegestufen in Richtung differenzierter Pflegezustände bei Betroffenen nach Pflegegraden zum Jahresbeginn 2017 repräsentiert hierbei recht eindeutig, dass Veränderungsmuster zu einer modifizierten Bewertungssituation führen.

Beispielhaft anzuführen ist der Umstand, dass ältere Menschen innerhalb der Bevölkerung eine erhöhte mentale und körperliche Fitness als ihre Vergleichsgruppe der vorangegangenen Generation aufweisen. Jedoch führt diese höhere Lebenserwartung und absolute Zahl an älteren Personen auch zu einer kontinuierlich steigenden Anzahl an Demenzerkrankungen mit weiter ansteigender Tendenz. Einer Prognose des Bundesministeriums für Gesundheit zufolge werden rund 2,2 Millionen Demenz Erkrankte und somit zugleich regelmäßig Pflegebedürftige bis zum Jahr 2030 erwartet.

Sofern diese Erkrankten eine zumindest teilweise stationäre Pflegeversorgung benötigen, erhöht sich die Nachfrage nach geeigneten Pflegeeinrichtungen weiter und sorgt in besonders präferierten Wohnumgebungen für ein immenses Ungleichgewicht zwischen verfügbaren, nicht unbegrenzt erweiterbaren Pflegeheimplätzen und stetig steigender Nachfrage auf Seiten der Pflegebedürftigen. Als ernsthaft zu überlegendes Prinzip käme eine Kombinationswohnform in Betracht, nach der beispielhaft Demenz Erkrankte mit körperlich eingeschränkten Menschen räumlich verbunden miteinander leben und beide Pflegegruppen zugleich über individuelle Versorgungskonzepte bedient werden können.

Zweifelsfrei eine schwierig zu lösende Aufgabenstellung, die zudem bislang interdisziplinäre, wissenschaftliche Fachdiskussionen keine eindeutige Ergebnislage hervorgebracht haben, inwieweit ein kombiniertes Wohnprinzip förderlich für Pflegebetroffene ausfällt und einen positiven Einfluss auf den Gesundheitsverlauf nehmen kann.

8. Fazit

Pflegeimmobilien als zukunftssicheres Investment: so lautet der Titel zu diesem Themendossier, das sich dem komplexen Pflegemarkt in Deutschland widmet und zugleich als These unter verschiedenen Blickwinkeln kritisch untersucht wird.

Als Aktionsfeld vielfältiger Akteure mit höchst individuellen Interessenlagen sollte illustriert werden, wie grundlegende Zusammenhänge bei der Leistungserbringung, Leistungsinanspruchnahme und insbesondere auch deren Finanzierung gestaltet sind.

Eingebettet in gesetzliches Regelwerk nach dem Sozialgesetzbuch (SGB) werden Pflegeleistungen konkret benannt und der Leistungsumfang monetarisiert. Somit ist eine individuelle Pflegeaufwandsberechnung möglich und kann als Kalkulationsbasis für zukünftige Pflegegeldzahlungen angenommen werden. Ein erhebliches Risiko liegt aber hinsichtlich der räumlichen Wohnsituation im höheren Alter und bei Vorliegen Therapie notwendiger Betreuung.

Gesellschaftliche Veränderungen im größeren Stil [Beruflich bedingter Wegzug der Familienangehörigen als potentielle Pflegehelfende; erhöhte Quote an kinderlosen Ein-Personen-Haushalten; Verlängerung der Lebenszeit der Bevölkerung] sorgen für einen verschärften Wettbewerb um bezahlbaren Wohnraum in sozial gesicherten Lebensstrukturen.

Insbesondere infrastrukturell stabil erschlossene, attraktive Wohneinzugsgebiete in städtischer Nähe gelten bereits gegenwärtig als enorm gefragt und sorgen für ein weit überdurchschnittlich hohes Miet- und Kaufpreisniveau. Es besteht die ernstzunehmende Befürchtung, dass ‚Wohnen im Alter' nicht mehr als gesichertes, finanziell jederzeit leistbares Prinzip gegeben ist. Insofern bietet eine Pflegeimmobilie als Kapitalanlage, insbesondere im Teileigentum, die Möglichkeit, Wohneigentum innerhalb einer professionell errichteten und geführten Pflegeeinrichtung zu erwerben. Anders als bei reinen Wohnobjekten offerieren ausgewählte Pflegeheimbetreiber das Privileg eines bevorzugten Belegungsrechtes. Angebotene Pflegeimmobilien können dabei das betreute Wohnen, Pflegeappartements, Tagespflegeplätze sowie auch Betreuungseinheiten für Schwerstpflegefälle repräsentieren.

Interpretiert als aktive Investition in die eigene Altersvorsorge können Teileigentümer einer Pflegeimmobilie bis zum letzten Moment verschiedene Optionen gestalten. Sofern sie mit bevorzugtem Belegungsrecht kaufen, besteht grundsätzlich die

Möglichkeit, alle Einrichtungen des Pflegeheimbetreibers zu bewohnen, was – je nach Pflegegrad – große Vorteile darstellt, wenn zwingend erforderliche Therapieausstattungen nicht innerhalb der eigenen Pflegeeinrichtung gegeben sind.

Zudem sind Investoren in Pflegeimmobilien von klassischen Eigentümer Verpflichtungen befreit: sie müssen sich nicht selbst um die Verwaltung und Instandhaltung der gesamten Wohneinheit kümmern. Von wesentlicher Bedeutung ist zudem, dass auch bei einem partiellen Leerstand innerhalb einer Pflegeheim Einrichtung durch ein Umlageverfahren der Betreiberpacht der Mietzins für den Investor gesichert ist. Die Rolle des Staates zur sozialen Sicherung kommt in dem Moment zum Tragen, wenn die persönliche Einkommenssituation des Pflegebedürftigen an ein Existenzminimum heranreicht. Durch Differenzzahlungen seitens der Sozialkasse auf Grundlage des Sozialgesetzbuches SGB XII werden auch Wohnsituationen gesichert, wo das monatliche Einkommen der Pflegebedürftigen nicht ausreicht, um medizinisch erforderliche Pflegeleistungen zu finanzieren. Über eine Grundbucheintragung besteht ein uneingeschränktes Eigentumsrecht an der Teilimmobilie, so dass über das Pflegeteileigentum jederzeit frei verfügbar werden kann. Es bestehen Möglichkeiten des Verkaufs, des Erbes oder der Schenkung zu Lebzeiten.

Die Finanzierung des Teileigentums kann zudem in Einzelfällen über Zinssatz reduzierte Darlehen der Kreditanstalt für Wiederaufbau (KfW) erleichtert werden. Zudem wirken in Pachtverträge integrierte Indexierungen für eine automatische Mietsteigerung und kompensieren hierüber Inflationsbewegungen, die alternative Kapitalanlageformen durchaus belasten und negativ in der Renditeentwicklung verlaufen lassen.

In Kombination mit langjährigen Pflegeheimbetreiber Pachtverträgen und einer staatlichen Refinanzierung über Sozialkassen ist das Investitionsvorhaben maximal ausfallgesichert, zumal renommierte Pflegeheim Betreiber vor Aufnahme einer Tätigkeit in der Regel ihre Bonitätslage sowie ein schlüssiges Betreiberkonzept als Expertise vorzulegen haben.

Nicht zuletzt erfolgt eine permanente Qualitätssicherung der Pflegeheim Einrichtung durch die zuständige Heimaufsichtsbehörde, den Medizinischen Dienst der Krankenkassen (MDK), das Gewerbeaufsichtsamt sowie seitens der Mitarbeiter selbst und auch Familienangehörige als regelmäßige Besucher. Demzufolge darf die Pflegeimmobilie nicht nur in zinsschwachen Kapitalmarktphasen als wertvolles Investitionsengagement eingestuft werden.

Eine Grundregel der Immobilienwirtschaft gilt uneingeschränkt auch für die Anlageklasse der Pflegeimmobilie: Eigentum an Grund und Boden geht weder verloren noch wird es geraubt, sondern verbleibt dauerhaft an seinem Platz und bietet somit zweifelsfrei ein gehöriges Stück Sicherheit in nicht immer sicheren Zeiten.

Basisquellen

Die Ausführungen innerhalb dieses Fachbeitrages stützen sich im Wesentlichen auf die nachstehenden Quellen. Diese sind mit Bedacht ausgewählt und mit Sorgfalt auf das Thema dieser Arbeit fokussiert.

Gedankliche Zusammenhänge und Argumentationsführungen seitens der Autorinnen und Autoren sind dabei bewusst nicht unterbrochen, sondern integrativ in den hier skizzierten Themenbereich eingebunden.

Die vier Basisquellen sind im Handel käuflich zu erwerben.

Katalin Molik. Nachhaltigkeitskriterien von Pflegeheimen in Deutschland | Analysen aus Entwickler-, Betreiber- und Endinvestorensicht; ISBN 978-3-656-81850-2; 2014; GRIN Verlag; München.

Chenhui Xia. Pflegeheim - Eine Alternative für Immobilieninvestoren? 2007; GRIN Verlag; München.

Timor Nawid. Projektentwicklung im Immobiliensektor. Was sind aussichtsreiche Aktionsfelder angesichts des demografischen Wandels?; 2015; GRIN Verlag; München.

Georgios Giannakopoulos. Senioren- und Pflegeimmobilien - Neue Versorgungsformen und integrierte Betreuungskonzepte; Wissenschaftliche Schriftenreihe der Unternehmensgruppe Pflegewerk; Band 3; 2011; GRIN Verlag; München.

Die innerhalb dieses Themendossiers dargestellten Ausführungen berufen sich in Teilen auf das Sozialgesetzbuch (SGB) und sind zum Zeitpunkt der Erarbeitung nach bestem Wissen recherchiert. Eine Haftung für Fehlinterpretationen sowie für veränderte Bestimmungsausführungen auf Basis des Sozialgesetzbuches (SGB) wird nicht übernommen.

Weiterführende Literatur [Auswahl]

Blonsky, H (Hrsg.): Die Vielfalt des Wohnens im Alter. Modelle, Erfahrungen, Entscheidungshilfen, Mabuse-Verlag, 1.Auflage, 2009.

Bundesarbeitsgemeinschaft der Senioren- Organisationen e.V.: Wohnen im Alter, 2009.

Bundesarbeitsgemeinschaft der Senioren- Organisationen e.V.: Das richtige Heim, 2009.

Bundesministerium für Gesundheit (2016): Pflegeversicherung, Zahlen und Fakten; Leistungen ab dem 01. Januar 2015 im Überblick.

Döding, D. et al. (2016): Sozialimmobilien-Report 2016, Vincentz Network, Hannover.

Enquête-Kommission (2002): Schlussbericht der Enquête-Kommission „Demografischer Wandel – Herausforderungen unserer älter werdenden Gesellschaft an den Einzelnen und die Politik", 1.Auflage, Berlin 2002.

Heimgesetz (HeimG) in Deutschland: http://www.gesetze-im-internet.de/bundesrecht/heimg/gesamt.pdf, Abruf 29.12.2016

Just, T. (2013): Demografie und Immobilien, 2., überarbeitete Auflage, München 2013.

Kelle, M.; Nentwig, B. (2015): Ökonomie von Seniorenimmobilien. Planung, Investment, Betrieb, Band 22, Bau- und Immobilienmanagement, VDG Weimar.

Pflegestärkungsgesetze in Deutschland (PSG I – III) aus dem Bundesministerium für Gesundheit, https://www.bundesgesundheitsministerium.de/index.php?id=684 (Abruf 29.12.2016)

Simon, M.: Das Gesundheitssystem in Deutschland, Hans Huber Verlag, 2. Auflage, 2008.

Statista GmbH (Hrsg.) (2015): Anzahl der Zuwanderer nach Deutschland von 1991 bis 2013, online zu finden unter: http://de.statista.com/statistik/daten/studie/28347/umfrage/zuwanderung-nachdeutschland/, zuletzt aktualisiert 2015.

Statistisches Bundesamt (Hrsg.) (2011): Bevölkerung auf Grundlage des Zensus, online zu finden unter: https://www.destatis.de/DE/ZahlenFakten/GesellschaftStaat/Bevoelkerung/Bevoelkerungsstand/Tabellen/Zensus_Geschlecht_Staatsangehoerigkeit.html.

Statistisches Bundesamt (Hrsg.) (2009): Bevölkerung Deutschlands bis 2060, 12. koordinierte Bevölkerungsvorausberechnung, Wiesbaden 2009, Seite 21.

Trill, R. (Hrsg.): Praxisbuch eHealth. Von der Idee zur Umsetzung, Kohlhammer Verlag, Stuttgart, 2009.

Internetquellen [Auswahl]

https://www.bundesgesundheitsministerium.de/index.php?id=684, Abruf 29.12.2016

http://www.demographie-netzwerk.de/fakten/, Abruf 14.10.2016

https://www.destatis.de/DE/ZahlenFakten/GesellschaftStaat/Gesundheit/Pflege/Pflege.html, Abruf 14.10.2016

http://www.deutschland.immobilien/, Abruf 24.01.2017

https://www.deutschland.de/de/topic/leben/gesellschaft-integration/jedes-alter-zaehlt-demografiestrategie-der-bundesregierung , Abruf 14.10.2016

https://www.gesetze-im-internet.de/sgb_12/BJNR302300003.html, Abruf 25.01.2017

https://www.pflegemarkt.com/2015/11/09/die-liste-der-30-groessten-pflegeheimbetreiber-in-deutschland-2013/, Abruf 03.01.2017

http://www.sachwert-marktplatz.de/, Abruf 04.01.2017

http://www.sachwertpartner.de/, Abruf 04.01.2017

Abbildungsverzeichnis

Abbildung 1: Koordinierte Bevölkerungsvorausberechnung für Deutschland

Abbildung 2: Beispielhafte Darstellung eines Projektierungsablaufes innerhalb der Immobilienwirtschaft

Abbildung 3: Zusammenhang wesentlicher Beteiligten bei Pflegeheim Projektierung

Abbildung 4: Wesentliche Teilnehmer am Pflegeheimmarkt Deutschland

Abbildung 5: Top 30 Pflegeheimbetreiber 2015 in Deutschland

Abbildung 6: Pflegebedürftige in Deutschland (nach Versorgungsart) im Jahr 2013

Abbildung 7: Pflegequote in Deutschland (nach Altersgruppen) im Jahr 2013

Abbildung 8: Pflegebedürftige in Deutschland bis zum Jahr 2050 (Prognoseansatz)

Abbildung 9: Anzahl Pflegeheime und ambulante Pflegedienste in Deutschland (Jahre 2005 bis 2013)

Abbildung 10: Anzahl Pflegeheime nach Pflegeangeboten in Deutschland (Jahre 1999 bis 2013)

Abbildung 11: Durchschnittliche Vergütungen in EURO in Pflegeheimen in Deutschland nach Leistungsart (Jahre 1999 bis 2013)

Abbildung 12: Anzahl Personal in Pflegeheimen und ambulanten Pflegediensten in Deutschland (Jahre 2005 bis 2013)

Abbildung 13: Anzahl der Pflegebedürftigen nach Versorgungsart in Deutschland (Jahre 2000 bis 2014)

Abbildung 14: Anzahl der Pflegebedürftigen (absolut | relativ) nach Altersgruppen in Deutschland (Jahre 1999 bis 2013)